Über dieses Buch Jede Frau, die eine Abtreibung erlebt, hofft, daß es nie wieder vorkommt. Wenn es aber doch wieder »passiert«, muß sie in ihrer Umgebung mit Unverständnis rechnen und beginnt vielleicht sogar, an der eigenen Vernunft zu zweifeln. Sie leidet unter Schuldgefühlen und fürchtet um ihre Gesundheit. Meist hält sie ihre »Schande« geheim und erfährt daher nicht, wie viele Frauen in gleicher Lage sind. In diesem Buch wird untersucht, warum es manchmal nicht gelingt, ungewollte Schwangerschaft zu vermeiden und aus »Schaden« klug zu werden. Ärzte und Beraterinnen werden darüber befragt, wie sie den wiederholten Schwangerschaftsabbruch deuten, und die betroffenen Frauen berichten, wie sie Kinderwunsch und Abtreibung, Verhütung, Sexualität und Moral in ihre Lebensgeschichte einordnen. Daneben entsteht, in sieben ausführlichen Protokollen, ein Bild unterschiedlicher, oft bewegender oder erschreckender Liebes- und Lebenserfahrungen.

Ein breites Meinungsspektrum zu einem heiklen, heißumstrittenen Thema; von professionellem Interesse für Ärzte, Psychologen, Beratungsstellen, von allgemeinem Interesse für alle, weil Sexualität im Leben eine wichtige Rolle spielt.

Die Autorinnen Elsbeth Meyer, Diplom-Psychologin, Jahrgang 1950, arbeitet forschend und beratend im Familienplanungszentrum in Hamburg.

Susanne v. Paczensky, Dr. phil., Jahrgang 1923, freie Autorin in Hamburg.

Renate Sadrozinski, Diplom-Soziologin, Jahrgang 1943, Beratung und Veröffentlichungen zu § 218.

Elsbeth Meyer
Susanne v. Paczensky
Renate Sadrozinski

»Das hätte nicht noch mal passieren dürfen!«

Wiederholte Schwangerschaftsabbrüche
und was dahintersteckt

Eine Studie aus dem
Familienplanungszentrum Hamburg

Fischer Taschenbuch Verlag

Die Frau in der Gesellschaft
Lektorat: Ingeborg Mues

Originalausgabe
Veröffentlicht im Fischer Taschenbuch Verlag GmbH,
Frankfurt am Main, Mai 1990

Umschlaggestaltung: Susanne Berner
Gesamtherstellung: Clausen & Bosse, Leck
Printed in Germany
ISBN 3-596-24755-1

Inhaltsverzeichnis

Einführung

Zum Schwangerschaftsabbruch hat jede und jeder eine Meinung. Es gehört zum guten Ton, sich abzugrenzen. Selbst viele VertreterInnen des Selbstbestimmungsrechts, Linke und Liberale und Menschenfreunde, die die Abtreibungsstrafe abschaffen und den Frauen das Recht zur Entscheidung überlassen wollen, bemühen sich um Distanz, versichern zu Beginn der jeweiligen Stellungnahme, daß sie »selbstverständlich« gegen Abtreibung sind.

Zum Schwangerschaftsabbruch gehört, daß er möglichst selten vorkommen soll. Der Gesetzgeber, ob er nun mildere oder strengere Regelungen einführt, tut es jedenfalls in der Hoffnung, daß die Zahl der Abbrüche sich verringern möge. Das war die Begründung für Legalisierung des Schwangerschaftsabbruchs 1974/76 und wird nun wiederum als Begründung für alle möglichen Änderungen und Verschärfungen angeführt.

Was die Gesellschaft bewegt, gilt auch für die einzelnen: Junge Frauen, die am Beginn ihres Geschlechtslebens stehen, sind meist davon überzeugt, daß sie ungewollte Schwangerschaften vermeiden können, daß sie nur schwanger werden, wenn sie auch Kinder wollen, daß sie jedenfalls keine Abtreibung haben werden. Und jede, die dann doch eine Abtreibung erlebt, hofft, daß es nie wieder vorkommt.

Nicht immer wird diese Hoffnung erfüllt, im Großen wie im Kleinen: Trotz aller Reformen hat sich in vielen Ländern die Abtreibungzahl kaum verringert; trotz aller guten Vorsätze erleben viele Frauen, daß sie nach einem Schwangerschaftsabbruch erneut ungewollt schwanger werden und erneut einen Abbruch machen müssen. Von diesen Frauen handelt unser Buch. Die meisten finden es schwierig, mehrere Abbrüche zu haben. Sie leiden unter Schuldgefühlen, fürchten um ihre Gesundheit, halten sich für dumm oder verantwortungslos. Sie wissen, daß sie bei anderen auf Unverständnis stoßen, daß selbst in wohlwollender Umgebung die Meinung herrscht: Eine ungewollte Schwangerschaft mag ja eine Panne sein, ein zweites oder drittes Mal darf es aber nicht vorkommen. Da stellt sich rasch der Verdacht ein, daß etwas »nicht stimmt«: Nachlässigkeit, verdrängte Konflikte, überschießende Sexualität, unbewußter Kinderwunsch oder Dummheit sind als Erklärung zur Hand.

Seit sieben Jahren arbeiten wir im Familienplanungszentrum Hamburg, einer gemeinsamen Einrichtung von Pro Familia und der Arbeiterwohlfahrt. Im FPZ wirken Ärztinnen, Krankenschwestern, Psychologinnen, Sozialarbeiterinnen und andere zusammen, um alles, was zum legalen Schwangerschaftsabbruch gehört, »unter einem Dach« möglich zu machen. Wir führen den ambulanten Abbruch durch und die dafür gesetzlich notwendigen Beratungen. Neben der praktischen Arbeit schien uns von Anfang an die begleitende Forschung notwendig, deren Fragestellung sich jeweils aus den Erfahrungen des Alltags ergab (siehe Literaturverzeichnis). Immer häufiger kommen Frauen zum zweiten, dritten, vierten Mal zum Schwangerschaftsabbruch zu uns. Immer häufiger mußten wir uns mit den Ursachen und Auswirkungen von Mehrfachabbrüchen beschäftigen, die eigene Einstellung überprüfen, uns mit den verbreiteten Vorurteilen auseinandersetzen.

Eine ungewollte Schwangerschaft, die durch Abbruch beendet wird, schützt nicht vor weiteren Schwangerschaften; denn an den Gründen, die zur Schwangerschaft und zum Schwangerschaftsabbruch führten, ändert auch ein Abbruch nichts. Für uns ist ein Schwangerschaftsabbruch, genauso wie mehrere, die Folge von Sexualität, die Folge von fehlgeschlagener Verhütung, die Folge der Entscheidung, kein Kind oder zu diesem Zeitpunkt kein Kind zu wollen. Eine ungewollte Schwangerschaft ist ein Problem, das einer Lösung bedarf.

Tatsächlich führen die meisten ungeplanten Schwangerschaften nicht etwa zur Abtreibung, sondern zur Geburt eines Kindes. Auch wenn es darüber keine statistischen Daten gibt, so sind wir doch aus unserer langjährigen Beratungserfahrung überzeugt, daß kaum eine Frau unbedacht über ihre Leibesfrucht verfügt, sondern fast immer die Umstände sorgfältig überprüft, ob sie sich nicht doch zugunsten eines Kindes wenden lassen. Nur wo diese Entscheidung nicht möglich ist, wird der Abbruch der Schwangerschaft erwogen, der von manchen Frauen als schwere Schuld oder bedrohlicher Eingriff, von anderen als notwendiges Übel oder als Befreiungsschritt erlebt wird. Doch jede von ihnen – wenn sie sich nicht zu dem radikalen Schritt der Sterilisation entscheidet – kann wieder in die gleiche Lage kommen.

Keine Frau soll durch eine ungewollte Schwangerschaft gesundheitlichen oder seelischen Schaden nehmen. Egal, wie viele Abbrüche sie hat, sie hat jedesmal Anspruch auf Unterstützung und Hilfe.

Was ist das Ziel dieser Untersuchung?

Frauen, die wiederholt ungewollt schwanger werden, verheimlichen meistens diese »Schande« und meinen, so etwas passiere keiner anderen. Wir wollen zeigen, daß sie mit ihrer Erfahrung der wiederholten Abbrüche nicht allein sind, und wir hoffen, daß unsere Erkenntnisse für viele hilfreich und entlastend sind.

Wir wollen Patentrezepten – »Wer nicht schwanger werden will, wird es auch nicht« – die Realität in ihrer Komplexität entgegensetzen. Wir möchten Verborgenes sichtbar machen, Vorurteile zurechtrücken und mit verbreiteten Meinungen aufräumen.

Unser Ziel war es nicht, die betroffenen Frauen zu erforschen, etwa mit der Fragestellung: »Welche besonderen psychischen Strukturen weisen sie im Vergleich zu Frauen mit keinem oder mit einem Schwangerschaftsabbruch auf?« Auch war es nicht unsere Absicht zu überprüfen, warum die Frauen sich jeweils für einen Schwangerschaftsabbruch entschieden haben. Unser Anliegen ist es, die Facetten des wiederholten Schwangerschaftsabbruchs darzustellen und herauszufinden, was eigentlich das Besondere daran ist, was eigentlich an mehreren Abbrüchen verwerflicher sein soll als an einem.

Forschung im Familienplanungszentrum ist Frauenforschung: Wir sind nicht objektiv, sondern notwendig parteilich, weil dies unserem Kampf um gleiches Recht und Selbstbestimmung dient.

Was wir über wiederholte Abbrüche erfuhren, gilt ganz allgemein für den Schwangerschaftsabbruch und kann damit zur Aufklärung über die Lebenswirklichkeit vieler Frauen beitragen. Wie durch ein Vergrößerungsglas ergibt sich ein vielschichtiges Bild von der Fruchtbarkeit, der Verhütungsgeschichte, den Partnerschaften, den Liebesgewohnheiten und der Moral unterschiedlicher Frauen und von den Normen und Vorurteilen, mit denen die Umwelt darauf reagiert.

Die immer lauter werdenden Vorwürfe der »Lebensretter«, der Konservativen und Kirchenvertreter gegen die Frauen, die abtreiben, schüchtern ein und verdichten das Tabu um den Schwangerschaftsabbruch, besonders um den wiederholten. Wir wollen öffentlich machen, was so sehr tabuiert wird und was doch seit jeher gilt: daß mehrere Abtreibungen ebenso wie mehrere Geburten zum Frauenleben gehören können.

Wenn wir also die Abtreibung gewissermaßen für »normal« halten, so wollen wir sie doch weder befürworten noch mißbilligen, sondern lediglich feststellen, daß sie häufig vorkommt, bei sehr unterschiedlichen Menschen, aus sehr unterschiedlichen Motiven, und daß sie auch sehr unterschiedlich verarbeitet wird. So wie die Ehescheidung – auch wenn sie oft sehr schmerzvoll ist, oft das Scheitern eines Lebensplans bedeutet, oft mit schweren Schuldgefühlen einhergeht – zu einem Frauenleben gehören kann, müssen wir auch zur Kenntnis nehmen, daß Schwangerschaftsabbrüche häufig vorkommen.

Die Memminger Prozesse, die eine so wichtige Rolle in der Auseinandersetzung um den § 218 spielten, haben uns deutliches Anschauungsmaterial geliefert: Von den über 200 Frauen, die wegen eines Schwangerschaftsabbruchs angeschuldigt waren, hatte die überwiegende Mehrzahl ein oder mehrere Kind/er, außerdem hatten viele Frauen mehr als eine Abtreibung. Wir sind noch weit davon entfernt, daß wir – wie es manche FortschrittsoptimistInnen glauben – unsere Fortpflanzung selbstbestimmt kontrollieren können.

Zum Aufbau der Untersuchung

Unsere Ergebnisse stammen aus vielen Quellen: Aus den Beratungsgesprächen vieler Jahre und aus den Erfahrungen des gesamten Teams des Familienplanungszentrums hatten wir bereits viele Kenntnisse und Hypothesen über den wiederholten Schwangerschaftsabbruch gewonnen, ohne sie zunächst systematisch erfaßt zu haben. Sie haben jedoch unsere Ergebnisse beeinflußt, ebensosehr wie die Diskussionen mit den Kolleginnen im Familienplanungszentrum, denen wir viel Dank für ihre Unterstützung schulden.

Im Sommer 1987 begannen wir eine gezielte Untersuchung. Zunächst führten wir Gruppengespräche mit Frauen, die mehrere Abbrüche hinter sich hatten, zu der Frage, welche Unterschiede sie wahrnehmen. Es war bedrückend zu erleben, wie allein die Frauen sich mit ihrer Erfahrung bis dahin gefühlt hatten. Für sie war es entlastend, sich endlich austauschen zu können.

In sechsundzwanzig ausführlichen Einzelinterviews haben wir dann betroffene Frauen befragt und haben Beraterinnen, Ärztinnen, Ärzte um ihre Meinung gebeten. Wir fragten auch unbeteiligte Dritte, die uns als StellvertreterInnen für die öffentliche Meinung dienen sollten.

Wir interviewten dreizehn Frauen, die zwischen zwei und zehn Schwangerschaftsabbrüche hinter sich hatten, vier ÄrztInnen, die in ihrer Praxis ambulant Schwangerschaftsabbrüche durchführen, zwei Ärztinnen, die bei Pro Familia tätig sind, zwei Pro-Familia-Beraterinnen, eine feministische Therapeutin und fünf Laien, also unbeteiligte Dritte.

Die Gespräche dauerten ein bis zwei Stunden. Grundlage war ein Interviewleitfaden, der auch das Gerüst für die spätere Auswertung bildete. Alle Gespräche wurden auf Tonband aufgenommen und später wörtlich schriftlich protokolliert. Allen Beteiligten wurde Anonymität zugesichert. Die Gesprächsprotokolle sind nicht inhaltlich, aber in den Personendaten so verfremdet, daß ein Wiedererkennen reiner Zufall wäre.

Bei allen Befragten trafen wir auf eine große Bereitschaft, sich zu den Fragen zu äußern. Wir möchten uns dafür noch einmal herzlich bedanken. Die Aussagen der Frauen, die von besonders großer Offenheit gekennzeichnet waren, berührten uns sehr. Die meisten sprachen erstmals so ausführlich über ihre reproduktive Biographie und ihre Gedanken und Gefühle dazu. Viele der Frauen waren während der Gespräche und oft noch Tage später innerlich aufgewühlt.

Interviews sind immer nur eine Momentaufnahme. Besonders bei einem Thema, über das sonst geschwiegen wird, verändert bereits ein Gespräch, weil es gleichzeitig Reflexion ist. Allein unsere Haltung zum Thema und gegenüber den Befragten beeinflußte die Gespräche und damit die Ergebnisse. Trotz unseres Bemühens, die »wirklichen« Meinungen herauszufinden, verändert die Interaktion schon die Antworten. Abtreibungsgegner würden andere Fragen stellen, würden andere Antworten erhalten.

Weil wir die Interviewten nicht zu »Datenlieferantinnen« reduzieren wollten, legten wir ihnen die Gesprächsprotokolle, die hier veröffentlicht sind, zur Durchsicht vor. Für einige war es schwierig, schwarz auf weiß mit ihrer Biographie konfrontiert zu sein.

Wir haben Gesprächsprotokolle ausgewählt, die möglichst Unterschiedliches darstellen – in der persönlichen Geschichte, im Erleben und in den Einstellungen.

Diese Studie ist nicht repräsentativ. Sie ist gekennzeichnet durch das liberale Klima in Hamburg, das sich auch in den Ausführungsbestimmungen für den Schwangerschaftsabbruch niederschlägt. In einigen anderen Bundesländern ist z. B. der ambulante Schwangerschaftsabbruch, den die von uns befragten FrauenärztInnen durchführen, nicht erlaubt. Wir haben nur solche Ärzte und Ärztinnen befragt, von denen uns bekannt war, daß sie ihren Patientinnen auch im Falle ungewollter Schwangerschaft freundliche Unterstützung und Hilfe geben und sie nicht verurteilen. Das ist leider keineswegs selbstverständlich.

Wir haben niemand befragt, der uns als Abtreibungsgegner bekannt war. Unsere GesprächspartnerInnen vertreten unterschiedliche Positionen; auch die Erfahrungen der Frauen, ihre Gefühle und Erlebnisse sind sehr verschieden voneinander.

Die Darstellung der Ergebnisse wechselt zwischen zentralen Themen und Erkenntnissen rund um den wiederholten

Schwangerschaftsabbruch und Gesprächsprotokollen verschiedener Frauen. Aspekte, die in den Kapiteln zwangsläufig getrennt behandelt werden – wie Verhütung, Liebe, Kinderwunsch, Moral –, gehören im Leben zusammen. Die Gesprächsprotokolle heben diese künstliche Trennung wieder auf, verweisen auf die Ganzheitlichkeit des Individuums und vermitteln etwas vom Lebenskontext, in den die Abtreibungen eingebettet sind.

Rückmeldungen über Erfahrungen mit diesem Buch nehmen wir gerne entgegen. Schreiben Sie bitte an:
Familienplanungszentrum
Bei der Johanniskirche 20
2000 Hamburg 50

Was sind denn das für Frauen?

Frauen sind durchschnittlich dreißig Jahre ihres Lebens fruchtbar. Viele Frauen haben in diesen Jahren zumindest einen Schwangerschaftsabbruch – die Schätzungen liegen bei einem Drittel aller Frauen in »verhütungsaktiven« Gesellschaften. Und bei vielen bleibt es nicht bei einem. Die von uns befragten Fachleute – Ärzte, Ärztinnen und Beraterinnen – schätzen, daß bei durchschnittlich jeder zweiten bis fünften Frau auf den ersten Abbruch weitere folgen. Im Gegensatz dazu stehen die befragten Laien, Menschen, die weder beruflich noch aus eigener Erfahrung mit Abbrüchen zu tun haben. Sie glauben, daß es nur vereinzelt vorkommt, und meinen keine Frau zu kennen, die mehrmals abgetrieben hat, zumindest nicht häufiger als zweimal. Die mehr als siebenjährigen Erfahrungen im Familienplanungszentrum lassen vermuten, daß es bei etwa jeder zweiten Frau, die einen Abbruch hat, nicht bei einem bleibt.

Sowohl in den Alltagsüberlegungen als auch in der wissenschaftlichen Literatur wird die Frage erörtert, was denn Besonderes an diesen Frauen ist, die mehrfach abgetrieben haben. Leider gibt es aber nur wenige Studien, die sich ausdrücklich mit diesem Thema befassen.

Ketting und van Praag gehen in ihrer umfassenden internationalen Studie über Schwangerschaftsabbruch[1] auch auf wiederholte Abbrüche ein. Sie schreiben: »Der wiederholte Schwangerschaftsabbruch einer Frau wurde von manchen als ein Hinweis darauf betrachtet, daß der Schwangerschaftsabbruch die Anwendung von Verhütungsmitteln ersetzte. Und das wurde wiederum als ein Zeichen sittlichen Niedergangs interpretiert. Diese Auffassung setzt stillschweigend voraus, daß die Anwendung von Verhütungsmethoden Sicherheit bietet und nur aufgrund mangelnder Motivation oder Nachlässigkeit der Frau versagt.« (S. 171) »Da Frauen, die irgendwann einmal einen Schwangerschaftsabbruch ausführen ließen, sich nicht prinzipiell von anderen Frauen unterscheiden (ein Unterschied besteht wohl darin, daß sie ihre Gebärfähigkeit bewiesen haben), ist es nicht verwunderlich, daß in der Abbruchpopulation Frauen mit früherer Abbrucherfahrung erscheinen.« (S. 172) »Schlußfolgernd kann festgestellt werden, daß wiederholter Schwangerschaftsabbruch aufgrund der nicht absoluten Zuverlässigkeit der gängigen Verhütungsmethoden an und für sich kein auffallendes Phänomen ist... Aber es ist so, daß die Frauen, die bereits früher einen Schwangerschaftsabbruch haben ausführen lassen, im Vergleich zu Frauen, die früher noch keinen Abbruch hatten, ein erhöhtes Risiko laufen, zukünftig noch einmal einen Schwangerschaftsabbruch ausführen zu lassen.« (S. 174)

Zu ähnlichen Ergebnissen kommen auch Tietze und Henshaw[2]. Sie berichten, daß Frauen, die eine Abtreibung hatten, prädestiniert sind für (eine) weitere. Das ist kein Beweis für Nachlässigkeit bei der Verhütung nach dem ersten Abbruch. Es ist vielmehr ein Hinweis auf die Verschiedenheit der weiblichen Bevölkerung bezüglich Verhütung und Abtreibung. Sie stellten weiterhin fest, daß Frauen mit Mehrfachabbrüchen sich fast gar nicht von denen mit nur einer Abtreibung unterscheiden.

Zur Frage, ob es Unterschiede gibt zwischen Frauen mit mehreren und Frauen mit einem Abbruch, fanden wir auch Aussagen in einem kanadischen Untersuchungsbericht[3]. 580 Frauen wurden per Interview und Fragebogen zwei Stunden vor dem Abbruch befragt. 22 Prozent der Frauen gaben an, daß es nicht der erste Abbruch sei. Die Untersuchung zeigt hinsichtlich der sozialen Angepaßtheit keinen Unterschied zwischen Frauen mit dem ersten Abbruch und solchen mit mehreren und keinen erheblichen Unterschied bei der Verhütung, Ausbildung, sozialem Status, religiöser Bindung, Einstellung zur Sexualität und Dauer der Partnerschaft. Signifikante Unterschiede wurden nur beim Alter und Familienstand, bei der Einstellung zur Abtreibung, der Koitusfrequenz und der Qualität der Beziehung zum Partner gefunden.

Frauen mit mehreren Abbrüchen sind älter, häufiger verheiratet und haben mehr Kinder. Sie sind toleranter gegenüber Abtreibung, möglicherweise, weil sie sich bereits früher ausführlich mit ihrer Einstellung beschäftigen mußten. Ihre

Koitusfrequenz ist größer als die der anderen Frauen. Die Qualität der Partnerschaft wird als weniger zufriedenstellend bewertet. Die Autoren kommen zu dem Schluß: »Die Studie belegt, daß wiederholte Schwangerschaftsabbrüche nicht die Folge von psychischer oder sozialer Abweichung sind und auch nicht durch negative Einstellung zur Verhütung hervorgerufen werden. Das Hauptproblem liegt darin, daß das medizinische Personal, das mit Abtreibungen zu tun hat, schwer akzeptieren kann, daß viele der sexuell aktiven Frauen, die unsichere Verhütungsmethoden benutzen, mehrere Schwangerschaftsabbrüche haben. Die Hauptaufgabe besteht darin, diese Ergebnisse denen zu vermitteln, die mit Abbruchpatientinnen zu tun haben, damit sie diese mit mehr Verständnis beraten. Die Einsicht, daß wiederholter Abbruch mehr mit der Wahrscheinlichkeit, schwanger zu werden, zu tun hat als mit psychologischen Problemen, kann ihnen dabei vielleicht helfen.«[4]

Zu erheblich anderen Einsichten kam W. Pasini in einer in Genf durchgeführten, psychoanalytisch ausgerichteten Untersuchung[5]. Er ging von vornherein davon aus, daß der wiederholte Schwangerschaftsabbruch kein Zufallsprodukt ist, sondern in der Persönlichkeit und in innerseelischen Konflikten der Frau begründet ist. Bei fünfzig Frauen arbeitete er die psychologischen Konstellationen heraus, die am häufigsten vorkamen. Um einen Vergleichsmaßstab zu haben, wurden ebenso fünfzig Interviews mit Frauen durchgeführt, die als Wöchnerinnen auf einer Entbindungsstation lagen. Nun darf man wohl davon ausgehen, daß die psychische Verfassung von Wöchnerinnen und die von Frauen, die einen Schwangerschaftsabbruch vor sich haben, sehr verschieden ist und die Ergebnisse nicht unwesentlich dadurch beeinflußt werden. Zumal dann, wenn die Frau die Entscheidung zum Abbruch nicht selbst treffen darf, sondern auf die Genehmigung durch eine Untersuchungskommission in der Klinik angewiesen ist. Einfluß auf die Ergebnisse dürfte auch die Tatsache haben, daß die Untersuchung in der Klinik durchgeführt wurde, in der danach auch der Abbruch stattfand. Die meisten der von Pasini befragten Frauen hatten gerade ihren zweiten Schwangerschaftsabbruch vor sich. Er schreibt: »Unsere Ergebnisse machen deutlich, daß die Frauen mit

Schwangerschaftsabbrüchen sehr viel häufiger als die Frauen der Kontrollgruppe eine gestörte und traumatisierende Kindheit verbrachten... Es schien uns, als ob diese Frauen bereits in der Kindheit eine Störung erlitten hätten, die sich dann der harmonischen Entwicklung der Persönlichkeit entgegenstellte und das Finden einer stabilen Persönlichkeit verhinderte. Wäre dies nicht der Fall gewesen, so könnten sie ihre Sexualität wahrscheinlich ohne größeren Konflikt erleben und ihre Fruchtbarkeit annehmen... Frigidität kommt häufiger vor. Die Sexualität scheint das genitale Stadium nicht erreicht zu haben, sie wird hauptsächlich zum Zweck eingesetzt, affektive Befriedigung zu erlangen... Im Verlauf unserer Gespräche erschien uns die Mehrzahl der Frauen dieser Gruppe als unreife, ungenügend strukturierte Persönlichkeiten... Der Wunsch nach einer Schwangerschaft, ob er nun mit dem Wunsch, Mutter zu sein, verbunden ist oder nicht, kann für eine fehlgeschlagne Empfängnisverhütung verantwortlich sein. Dieser irrationale und schwer kontrollierbare Wunsch nach einer Schwangerschaft ist auch bei Frauen mit mehreren Abtreibungen oft sehr stark.«[6]

Dieser Haltung, daß Frauen mit mehreren ungewollten Schwangerschaften irgendwie psychisch gestört seien, begegnen alle, die sich mit wiederholtem Schwangerschaftsabbruch befassen: betroffene Frauen, Ärztinnen und Ärzte, BeraterInnen, ForscherInnen. Manche der Betroffenen teilen diese Meinung, anderen kommt sie ganz absurd vor.

Die Frauen in unserer Untersuchung hatten zwischen zwei und zehn Abbrüchen. Es sind Mütter darunter, ebenso wie Frauen, die entschieden kein Kind wollen, und Frauen, für die der Zeitpunkt zum Kinderkriegen bisher nicht stimmte. Es sind Frauen, die vor der Geburt ihrer Kinder und danach Schwangerschaften abgebrochen haben. Es sind verheiratete, geschiedene und ledige Frauen; Frauen, die immer vom selben Mann, und andere, die von verschiedenen Partnern schwanger waren. Es sind Frauen, die konsequent verhüten, und andere, die sich weniger konsequent um Verhütung bemühen. Kurz, es sind Frauen wie andere auch. Einige haben ihre fruchtbaren Jahre hinter sich, und andere werden wahrscheinlich noch öfter schwanger und eventuell abtreiben. Fast alle gingen vor der ersten Abtreibung davon aus, daß sie nie einen Abbruch haben würden. Einige der Abbrüche fanden statt, als Abtreibung nur illegal möglich war, die meisten wurden seit der Änderung des § 218 durchgeführt.

Nicht nur die Frauen sind verschieden, auch jeder einzelne Abbruch wird ganz unterschiedlich erlebt. Eingebettet in die jeweilige Lebenssituation ist jeder Schwangerschaftsabbruch ein Ereignis für sich, das mal als belastend und sehr schwierig und mal als ganz unproblematisch erlebt werden kann.

Wir wollten wissen, wie sich die befragten Frauen im Vergleich zu Frauen sehen, die einen oder keinen Schwangerschaftsabbruch hatten. Sehen sie sich als Ausnahmen? Sehen sie Unterschiede?

Zunächst einmal fällt auf, daß die Frauen, die lange vor der Reform – vor dreißig bis fünfzig Jahren – die Schwangerschaftsabbrüche hatten, davon ausgehen, daß es nicht ungewöhnlich war, wiederholt abtreiben zu müssen. Das gehörte zum Frauenleben dazu.

»Ich dachte immer, es passiert allen Frauen öfter.«

»Ich glaube, alle Frauen, die ich kannte, die überhaupt Abbrüche hatten, hatten auch mehrere. Da waren immerzu welche schwanger.«

Heute ist das anders. Frauen, die heute abtreiben, fühlen sich als Ausnahmen. Häufig wissen sie von keiner anderen Frau, daß sie die gleiche Erfahrung gemacht hat. Sie empfinden es oft als persönliches Versagen, als Makel oder Schande.

»Es ist 'ne Sache, die darf einmal, maximal zweimal passieren. Dann kann man immer noch sagen, Pech gehabt. Aber mehrere Geschichten, das ist ein Zeichen von ganz besonderer Dummheit, Leichtfertigkeit oder Unfähigkeit.«

Nur wenige der Befragten äußern keine Selbstzweifel und kein Schuldbewußtsein, sondern erleben sich einfach als unterschiedlich gegenüber anderen Frauen, ohne sich selbst negativ zu bewerten.

Durchweg rechnen die Frauen damit, bei Freundinnen, Bekannten, Eltern und Ärzten auf Unverständnis zu stoßen. Viele erwarten und erfahren eher Vorwürfe als Trost und Unterstützung. Die Selbsteinschätzungen der Frauen spiegeln sich vielfach in den beschriebenen Bewertungen und Reaktionen anderer Leute wider.

»Die Leute denken, die ist blöd oder kann nicht aufpassen.

Schlechter Lebenswandel. Wäre sie verheiratet, könnte sie es besser kontrollieren. Oder sie denken: wechselnde Freunde, kein Wunder.«

»Inzwischen rechne ich schon mit Vorwürfen. Es zielt darauf ab, nicht normal zu sein, also nicht richtig zu funktionieren.«

»Ein paar Sprüche, die immer wieder kommen, sind: Wie kann das bloß angehen, es gibt doch die Pille. So was muß einem doch heute nicht mehr passieren. Wenn man kein Kind will, braucht man auch nicht schwanger zu werden.«

Häufig tauchen Begriffe auf wie »blöd«, »unfähig«, »leichtfertig«, »unkontrolliert«, alles Abwertungen, die auf die Unfähigkeit, wirkungsvoll zu verhüten, auf ausschweifende Sexualität und auf einen liederlichen Lebenswandel abzielen. Urteilen die Außenstehenden nun über Frauen mit mehreren Abbrüchen so, wie diese vermuten?

Ein Arzt: »Frauen, die mehr als zwei Abbrüche machen, die sehen die Abtreibung als Verhütungsmaßnahme an. Für die ist es kein menschliches oder moralisches Problem. Und sicher spielt die Fruchtbarkeit eine Rolle.«

Eine Graphikerin: »Also im ersten Moment würde ich denken, die hat Pech gehabt.«

Ein Arzt: »Teils ist es Mangel an Aufklärung, teils Benutzung eines Verhütungsmittels, das sie nicht beherrschen.«

Ein Rechtsanwalt: »Mir fällt als erstes unvorsichtig ein. Hat nicht viel gelernt aus dem vorigen und ist eventuell dem Partner gegenüber nicht durchsetzungsfähig.«

Eine Beraterin: »Die Frauen tun mir leid. Sie sagen: Ich bin schlampig, ich bin schlecht, ich bin sexuell verwahrlost.«

Eine Therapeutin: »Ich denke, die gehen schlunzig mit sich um, unachtsam und ziemlich unbewußt. Ich nehme an, daß sie auch unbedacht mit ihrer Sexualität umgehen.«

Eine Ärztin: »Ich denke, daß es oft Dinge sind, die ich nicht erfassen kann. Es spielt sich eher im unbewußten Bereich ab.«

Ein Arzt: »Es ist doch häufig ein latenter Kinderwunsch, der sie immer wieder in diese Situationen bringt.«

Eine medizinisch-technische Assistentin: »Nach dem ersten Abbruch sollte man doppelt vorsichtig sein. Die sind zu sorglos.«

Eher Vorwürfe als Mitleid bestimmen das Klima. Ob Verhütung oder Kinderwunsch oder Sexualität als Hintergrund gesehen wird, immer wird ein Unterschied unterstellt zu Frauen, die keinen oder nur einen Schwangerschaftsabbruch haben. Und dieser Unterschied ist fast immer mit negativen Vorzeichen versehen.

»Für mich war es immer ganz wichtig, ordentlich zu verhüten«

Studentin, fünfunddreißig Jahre, keine Kinder, drei Abbrüche

Den ersten Abbruch hatte ich mit 28 Jahren. Damals lebte ich noch in Aachen. Der Abbruch fand im Krankenhaus statt. Ich war sehr einsam und unglücklich. Diese klinische Situation fand ich ungeheuer schlimm für mich. Es war die Art, wie die Schwestern und auch die Ärzte darüber redeten. Es waren so unterschwellige Redensarten: Wie kann eine Frau so dumm sein, daß ihr das passiert. Ich hatte das Gefühl, gerade als junge Frau wird man so behandelt, als wäre man zu dämlich, Sexualität zu leben oder zu verhüten. So kam ich mir unheimlich schlecht vor.

Der erste Abbruch war der schlimmste für mich, weil ich damit für mich entschied, nie ein Kind zu wollen. Das hat sich jetzt geändert. In meiner jetzigen Beziehung kann ich mir vorstellen, ein Kind zu bekommen.

Ich war jedesmal von einem anderen Mann schwanger. Das erste Mal war es eine sehr unglückliche Situation. Die Beziehung war eigentlich zu Ende, und wir hatten uns nur noch einmal gesehen. Als ich ihm sagte, ich sei schwanger, war von ihm eine ganz starke Ablehnung zu spüren, und ich bin dann auch alleine ins Krankenhaus gegangen. Bei den anderen Abbrüchen haben die jeweiligen Männer mich begleitet.

Der zweite Abbruch war vier Jahre später. Er fand nicht stationär statt, aber doch mit Vollnarkose. Den letzten hatte ich vor einem Jahr. Und den fand ich im Vergleich zu den anderen total toll. Ich habe jetzt eine extrem gute Partnerschaft, und es war für mich eine sehr wichtige Erfahrung, daß mein Freund dabei war. Mein jetziger Freund sagte mir: »Deine Schwangerschaft ist so abstrakt für mich.« Deshalb fand er es wichtig, mit ins Behandlungszimmer zu gehen, um eine bestimmte Teilhabe auszudrücken. Von der Beziehung und vom Erlebnisfeld her war es eine optimale Situation für mich.

Für mich war es sehr wichtig, den Abbruch nicht mit Vollnarkose machen zu lassen. Vorher war es immer so, daß ich möglichst nichts erfahren wollte, also hingehen und hinterher gleich wieder weg. Und jetzt fand ich es wichtig zu erfahren, wie »harmlos« der Eingriff war, wie schmerzlos und wie wichtig es ist, solch eine Situation konstruktiv zu erleben. Wahrzunehmen, was mit dem Körper passiert. Ich denke, bei mir hat das ganz viel zur guten Verarbeitung beigetragen. Das andere war immer so nebulös. Ich wußte ja nicht, was die mit meinem Körper gemacht haben. Ich hatte bei den Vollnarkosen immer das Gefühl, die können jetzt x-beliebiges mit meinem Körper anstellen.

Vor dem letzten Abbruch war es so, daß ich noch ganz irrsinnige Konstruktionen im Kopf hatte, obwohl man es rational ja weiß, wie es tatsächlich in der sechsten oder achten Woche ist. Trotzdem hatte ich diese Horrorbilder von furchtbar viel Blut und von kinderähnlichen Embryonen, die wegkommen. Ich weiß auch nicht, woher das kommt. Ich wollte auch die erste im Behandlungsraum sein, um ja nicht zu sehen, daß da irgendwo so ein Blutgefäß rumsteht. Für mich war es ganz erstaunlich, wie es dann wirklich war. Ich wunderte mich immer wieder, daß ich hinterher gar nicht blutete.

Meine Mutter weiß nichts von meinen Schwangerschaften. Ich komme aus Bayern, aus einem kleinen Ort, und meine Mutter ist katholisch und gläubig. Ich weiß gar nicht, ob sie es moralisch verurteilen würde. Aber weil sie keine Enkelkinder hat, hätte ich das Gefühl, ich entziehe ihr diese Kinder.

Ich glaube nicht, daß sie Schwangerschaftsabbrüche hatte. Ich habe sie mal gefragt, wie sie verhütet hat, und sie meinte, mit Unterbrechungen und diesen Fruchtbarkeitszeiten. Mehr hab ich eigentlich nie zu fragen gewagt.

Mit Freundinnen habe ich über die Schwangerschaften gesprochen. Die meisten reagieren so: Wie kann das nur so oft passieren! Meine beste Freundin z.B., die hat wirklich eine Stunde lang mit mir geredet. Sie sagte: »Jetzt sehen wir mal, was du beim Diaphragma falsch machst.« Sie war fest davon überzeugt, daß ich bei der Verhütung was falsch mache.

Ich habe mit sehr vielen Frauen darüber gesprochen, gerade mit Frauen, mit denen ich politisch und zum Thema § 218 zusammenarbeite. Bei allen begegnete ich einer gewissen Ungläubigkeit bis hin zum Vorwurf: »Also ich leb jetzt schon seit vier bis sechs Jahren mit dem Diaphragma, und mir ist nie etwas passiert, und deshalb versteh ich das bei dir nicht.« Dann auch so Sätze wie: »Ja, ja, ich hab schon von Frauen gehört, die das nicht konsequent anwenden.« Es waren immer nur Reaktionen auf den Verhütungsbereich, darauf, daß ich da irgend etwas nicht richtig mache. Ich habe lange Jahre, und heute auch noch, in § 218-Gruppen mitgearbeitet und mich mit Sexualität und Verhütung auseinandergesetzt, aber nach den Abbrüchen fühlte ich mich gerade von politischen Mitstreiterinnen verlassen und mit Skepsis betrachtet.

Nur eine Frau reagierte gelassen und verständnisvoll, und die hat auch mehrere Abbrüche.

Wenn ich zum Frauenarzt gehe, gebe ich immer nur einen Abbruch an. Ein bißchen denke ich schon, daß ich dazu stehe, aber ich habe Probleme zu sagen, daß es mehrere waren. Manchmal hab ich schon gedacht, hoffentlich merkt er nicht, daß es mehrere waren. Ich denke, daß man einen Abbruch organisch bemerken kann, wenn man noch nicht geboren hat. Wenn ich nun mehrere zugeben würde, hätte ich wieder die Befürchtung, er könnte mich für unfähig halten, richtig zu verhüten.

Ich verhüte sehr gewissenhaft, und wenn es passiert ist, denke ich immer: Meine Güte, du kannst doch nicht mehr tun als verhüten. Ich verhüte mit dem Diaphragma vom dritten oder vierten Tag der Blutung an bis zum nächsten Blutungsbeginn. Immer mit zusätzlicher Creme. Alle sagen, und auch in der Literatur steht es, daß es dann sicher ist. Ich messe zusätzlich auch noch Temperatur. Nach dem Eisprung könnte ich eigentlich ohne Diaphragma sein, aber ich laß es nicht weg. Für mich war es immer ganz wichtig, ordentlich zu verhüten. Eigentlich fand ich das immer gemein, daß mir das passiert, wo ich doch peinlichst ordentlich damit umgehe. Sonst bin ich eigentlich gar nicht so. Ich laß leicht mal etwas liegen und bin nicht sehr ordentlich. Meine Mutter sagt immer: »Wenn dir der Kopf nicht angewachsen wäre, würdest du den auch noch verlieren.« Aber im Punkt Verhütung habe ich Nachlässigkeit nie zugelassen.

Ich habe auch die Männer von Anfang an dazu gezwungen – was heißt gezwungen – aber die Situation hergestellt, daß sie an der Verhütung teilhaben. Das war mir immer ganz wichtig. Also setze ich das Diaphragma immer vor dem Verkehr ein. Es war ja auch ein bewußter Schritt für mich von der Pille zum Diaphragma. Ich wollte einen bewußteren Umgang mit Männern und der Verhütung leben.

Für mich ist das ein Problem. Ich frage mich auch selber, ob etwas mit der Verhütung falschgelaufen ist. Zweimal wurde ich trotz Diaphragma schwanger, wo man ja letztlich nicht weiß, ob es falsch eingesetzt war oder ob es wegen des Restrisikos passiert ist. Ich war jedesmal danach zur Untersuchung, um feststellen zu lassen, ob ich es wirklich richtig mache und ob es richtig sitzt. Und es war immer alles richtig.

Beim ersten Mal ist es ja mit Spirale passiert, und da kann ich jeden Vorwurf von mir weisen. Deswegen habe ich auch keine Probleme, damit umzugehen, nach dem Motto: Die Schuld liegt nicht bei mir.

Nach dem ersten Abbruch habe ich schon gedacht, das muß der erste und letzte gewesen sein. Und nach jedem habe ich dann gedacht, so das war das allerletzte Mal und jetzt verhüte ich ganz besonders sorgsam und dann passiert mir das niemals wieder. Ich lege mir das alles dann so zurecht, und jedesmal, wenn es passiert ist, trifft es mich wie ein Paukenschlag. Nach den Diaphragma-Schwangerschaften hab ich immer erst die Pille genommen, an mich selber den Anspruch gestellt, jetzt verhütest du nach den landläufigen Methoden hundertprozentig sicher. Damit mein Einfluß ganz ausgeschaltet ist. Ich weise mir immer noch die Schuld zu bei den letzten beiden Abbrüchen. Ich nehme immer noch an, obwohl ich es mir nicht nachweisen kann, ich hätte das Diaphragma mal falsch eingesetzt und ich hätte mir nur eingebildet, den Muttermund richtig zu spüren, hätte ihn vielleicht doch nicht richtig gespürt, und diese Gedanken kommen immer wieder. Deshalb bin ich auch immer wieder hingegangen und hab mir bestätigen lassen, daß ich es richtig mache. Es ist völlig irrational. Es ist ja auch so, daß ich es *immer* anwende. Und trotzdem werde ich bei Schwangerschaften völlig verunsichert. Bei der zweiten Schwangerschaft trotz Diaphragma waren dann die Reaktionen meiner Freundinnen auch sehr extrem: Also du mußt doch was falsch machen. Zweimal kann man mit Diaphragma nicht schwanger werden.

Daß es mir passiert und anderen nicht, hat wohl was mit Fruchtbarkeit zu tun, na ja, und mit der Versagensquote von Verhütungsmitteln.

Ich hab mir auch schon mal überlegt, ob es etwas mit der Partnerschaft oder mit Verliebtheit zu tun hat. Vielleicht klingt das jetzt ein bißchen albern, aber in allen drei Situationen, in denen ich schwanger wurde, hatte ich immer das Gefühl, daß es ungewöhnliche Situationen waren. Beim ersten Mal bin ich mit dem Mann noch mal zusammengekommen, obwohl wir uns drei Monate vorher getrennt hatten. Wir haben dann noch mal zusammen geschlafen. Ich war von der Stimmung her ganz euphorisch. Danach war ich schwanger.

Beim zweiten Mal ist es passiert, als ich von Aachen nach Lubeck gekommen bin. Der Mann, zu dem ich zog, lebte schon ein dreiviertel Jahr dort, und wir hatten uns nur selten gesehen. Ich bin hingezogen und wurde prompt schwanger. Und jetzt, beim dritten Mal, war es eine völlig neue Verliebtheit. Ich hatte ihn gerade kennengelernt, bin danach drei Monate weggefahren und bin zurückgekommen, und es folgte dann ein vollkommen euphorischer Monat. Und nach diesem Monat war ich schwanger.

Das sind wahrscheinlich Zufälle, aber zumindest waren es immer ungewöhnliche Situationen, ungewöhnliche Gefühle und eine ungewöhnliche Sexualität. Aber irgendwie denke ich immer, das ist ja irrational, und ich lehne es eigentlich ab, so zu denken, obwohl es in meinem Kopf drin ist. Es war nie so, daß ich vor mich hinlebte und nebenbei schwanger wurde, sondern es passierte immer in Umstellungssituationen, bei Bruchstellen im Leben.

Jedesmal nach einem Abbruch hat sich meine Sexualität geändert. Nicht nur, daß ich einen Pilleneinsatz unternahm und damit gar nicht zurechtkam, sondern auch, daß ich immer dachte, ich sei jetzt wahnsinnig verletzt, mein Unterkörper sei verletzt und da dürfe jetzt niemand ran. Ich fühlte mich versehrt. Beim ersten Mal wollte ich ein halbes Jahr lang überhaupt nicht mit einem Mann schlafen. Beim zweiten Mal dauerte es auch ziemlich lange. Ich würde mal sagen, etwa zwei

Monate. Es ist eine Ablehnung von Sexualität und auch von Ekstase. Meinen Körper soll außer mir dann niemand anfassen, und der darf auch nicht ekstatisch werden, der braucht einfach seine Ruhe. Das hat aber nichts mit der Häufigkeit der Abbrüche zu tun.

Die Verhütungslegende

Der Zusammenhang zwischen Empfängnisverhütung und Schwangerschaftsabbruch scheint auf den ersten Blick ganz eindeutig und wird erst bei näherer Betrachtung immer komplizierter.

»Wer ungewollt schwanger wird, hat nicht wirksam verhütet« – so stellt sich der simple Kausalzusammenhang dar, aus dem vielfältige Vermutungen und Unterstellungen entwickelt werden können. »Nicht wirksam verhütet, weil nicht ausreichend informiert« – das kann als Entschuldigung für den ersten Abbruch gelten. »Mißbrauch der Abtreibung als Verhütungsmethode« – das ist der Vorwurf, der die Rückfälligen trifft. Beide Erklärungsmuster gehen selbstverständlich davon aus, daß der Fehler bei der Frau liegt und auf padagogische Weise behoben werden muß. Es wird vorausgesetzt, daß die Anwendung von Verhütungsmitteln von jeder Frau verlangt werden kann, daß sie absolute Sicherheit bieten und nur versagen, wenn Nachlässigkeit oder mangelnde Motivation bei der Frau vorliegt.

Das ist die Verhütungslegende, der wir im Lauf der Jahre immer wieder begegnet sind, die zu dem typischen Vorwurf führt: »Heute braucht doch keine Frau mehr ungewollt schwanger zu werden, es gibt doch so viele sichere Verhütungsmittel!« Oder: »Wer nicht schwanger werden will, wird auch nicht schwanger.« Die Fragwürdigkeit dieser Legende wird durch unsere Untersuchung deutlich.

Schwangerschaftsabbrüche gab es schon immer. Der Zwang zur Verhütung ist jedoch erst vor einer Generation mit der Einführung der modernen Antikonzeptionsmittel entstanden, und seitdem wird der Vorwurf der Nachlässigkeit erhoben. Vor weniger als vierzig Jahren sah es noch anders aus.

»Ich hatte damals nicht die Vorstellung, daß man verhüten kann. Mir war klar, daß das alles Zufallstreffer waren. Man konnte das Risiko verringern, aber nicht verhindern, daß man schwanger wurde. Es gab nur die sichere Möglichkeit, keinen

Sex zu haben. Diese Möglichkeit habe ich für mich nicht ins Auge gefaßt. Es hieß, Präser platzen auch immer. Deshalb brauchte ich mir auch kein schlechtes Gewissen zu machen, daß ich nicht gut verhüte.«

»Es war eigentlich immer 'ne Angstpartie. Solange ich mich zurückerinnern kann. Kondome hat keiner benutzt. Es war immer Glückssache. Über fruchtbare Tage und den Zyklus wußte doch niemand Bescheid. Ich bin hinterher immer gleich rausgerannt, hab irgendwie gespült. Das war ja das einzige, was man noch machen konnte. Es war schrecklich, weil man jeden Monat gezittert und gehofft hat, daß es nicht passiert ist. Aber gewundert hab ich mich nie.«

Mit der Einführung der modernen Verhütungsmittel ist zunächst den Ärzten die Aufgabe zugefallen, diese Mittel zu verteilen und über ihre individuelle Anwendung zu beraten. Mit der Legalisierung des Schwangerschaftsabbruchs wurden diese Aufgaben noch erweitert: Frauen sind darauf angewiesen, daß der Arzt ein Pillenrezept schreibt, daß er ihnen eine Indikation bestätigt. Wir fragten Ärztinnen und Ärzte, ob sie ihre Aufgabe darin sehen, Frauen so zu beraten, daß es nicht zum Schwangerschaftsabbruch kommt.

Eine Gynäkologin berichtet: »Ich kann ja nichts anderes tun, als über Verhütungsmittel beraten. Bei der Beratung über das Diaphragma erzähle ich schon, daß sich eine Frau manchmal wieder dagegen entscheiden muß, wenn sie merkt, daß es ihr schwerfällt, es anzuwenden. Mehr fällt mir nicht ein, was ich noch tun könnte, und ich finde es so auch nicht verkehrt. Das gehört zu meinem Arbeitsbereich, ein bißchen daran zu erinnern. Aber nicht so dirigistische Sachen.«

Alle von uns befragten Ärztinnen und Ärzte sehen ihre Aufgabe darin, über Verhütungsmittel zu informieren und diese anzubieten. Ein Gynäkologe, der auch ambulante Schwangerschaftsabbrüche durchführt, spricht von seinen Bemühungen, den Frauen Verhütungsmittel nahezubringen, und von den Problemen, auf die er dabei stößt:

»Ich stelle vor dem Abbruch immer die Frage: ›Brauchen Sie Verhütungsmittel?‹ Ich biete ihr an, die Pille zu nehmen oder etwas anderes. Ich sage: ›Was Sie sich aussuchen, überlasse ich Ihnen.‹ Sie werden nicht gezwungen, irgend etwas zu nehmen. Ich sage nur die Vor- und Nachteile. Man sollte das Thema schon anschneiden. Aber man muß sehr vorsichtig sein, denn es gibt welche, die angriffslustig werden. Die denken, das ist eine Bedingung, um den Abbruch zu bekommen, daß sie hinterher ein Verhütungsmittel nehmen. Ich zwinge nie jemanden zu einer Lösung. Ist ja auch Quatsch. Wenn ich sagen würde, du mußt die Pille nehmen, und ich würde ihr ein Rezept geben, dann geht sie und denkt, ist das ein Spinner, und schmeißt das Rezept weg. Genutzt hat es nichts. Sie müssen selbst entscheiden, ich bin nur behilflich.«

Nicht alle ÄrztInnen teilen die Einsicht, daß es in der Verantwortung der Frau und ihres Partners liegt, über die Anwendung von Verhütungsmitteln zu entscheiden. Eine Beraterin berichtet von ihrer früheren Tätigkeit. In ihrer Beratungsstelle wurde es nicht als ausreichend angesehen, die Frauen über Verhütung zu informieren, um wiederholte Schwangerschaftsabbrüche zu verhindern.

»Zunächst hat für mich zu jeder Indikation die Verhütungsberatung gehört... Ich erinnere mich noch, daß bei der Bescheinigung zum Schwangerschaftsabbruch eine Spalte vorgedruckt war, wo die zukünftige Verhütungsmethode eingetragen wurde. So daß man nie vergaß, das mit der Frau abzusprechen. Am liebsten sollte der Arzt, der den Abbruch machte, gleich eine Spirale legen. Die wurde der Frau schon zusammen mit den Papieren mitgegeben.«

Wenn auch wenig Ärzte so streng vorgehen, so sehen sie es doch allgemein als ihre Aufgabe an, im Zusammenhang mit einem Abbruch über Verhütungsmittel zu beraten. Liegt der Grund für wiederholte Schwangerschaftsabbrüche also darin, daß die Frauen nicht genügend aufgeklärt sind?

Ein Gynäkologe: »Wir können davon ausgehen, daß die meisten Frauen wissen, was für Verhütungsmittel es gibt. Sie sind informiert und haben auch Vorstellungen, was von den einzelnen Verhütungsmitteln zu halten ist.«

Alle Beraterinnen, Ärztinnen und Ärzte sind sich darin einig: Der Grund für wiederholte Schwangerschaftsabbrüche liegt ihrer Meinung nach nur sehr selten an Informationsdefiziten über Empfängnisverhütung. Eine Ausnahme sind dabei Jugendliche. Wenn aber der Grund für wiederholte Abbrüche nicht in der Unkenntnis über Verhütungsmethoden liegt, muß man dann doch Nachlässigkeit oder mangelnde Motivation der Frauen vermuten? Bei einigen der Befragten schimmert diese Meinung mehr oder weniger durch.

Ein Arzt: »Wenn ich das mal so überlege, ist es so, daß die meisten Frauen, denen es mehr als zweimal passiert, ganz bestimmte sichere Verhütungsmethoden nicht anwenden wollen. Die sagen, wenn ich schwanger werde, dann laß ich es eben wegmachen.«

Also doch: der Schwangerschaftsabbruch ersetzt Verhütungsmittel?!

Wir haben nachgefragt, wie die Frauen, die mehrere Abbrüche hinter sich haben, die Vielfalt, Sicherheit und Verträglichkeit der heutigen Verhütungsmethoden beurteilen. Über welche Kenntnis und Erfahrung sie verfügen und ob sie abtreiben, anstatt zu verhüten.

»Ich hab immer gedacht, daß wir so viele Möglichkeiten haben, Empfängnis zu verhüten. Wenn ich mir das dann aber richtig überlege, dann gibt es überhaupt nicht soviel. Da gibt es natürlich die Pille. Ich habe lange Jahre die Pille genommen. Dann wollte ich die ganzen Nebenwirkungen nicht mehr haben. Die Pille war mir unheimlich geworden. Was bleibt einem dann noch? Dann bleibt die Spirale, Diaphragma oder daß der Mann sich schützt. Mein Vertrauen zu den Männern ist da nicht sehr groß. Darauf möchte ich mich nicht gerne verlassen. Und das Diaphragma ist eine blöde Angelegenheit. Einfach viel zu umständlich. Die Spirale ist auch nicht gut für mich. Ich habe immer starke Blutungen. Der Körper scheidet ja nicht freiwillig so viel Blut aus. Also ich weiß nicht, was ich in Zukunft tun werde.«

Die Ratlosigkeit, wie bei dieser Frau, und die Erkenntnis, daß von den vermeintlich vielen Möglichkeiten der Empfängnisverhütung kaum welche bleiben, haben wir oft gefunden. Es bestätigten sich auch die Einschätzungen der ÄrztInnen und Beraterinnen, daß die Frauen informiert sind über Verhütungsmethoden. Sie sind nicht nur informiert, sondern auch sehr bemüht um Empfängnisverhütung. Immer wieder hörten wir den Satz: »Ich hab alles ausprobiert.«

Bis auf zwei Frauen, deren fruchtbare Zeit vor der Einführung der Pille lag, haben alle befragten Frauen lange Jahre oder kürzere Zeit die Pille genommen. Bis auf drei Frauen haben alle Erfahrung mit der Spirale. Alle haben darüber hinaus Erfahrungen mit anderen Verhütungsmitteln: Diaphragma bzw. Pessar, Kondom, natürliche Verhütung und/oder Schaumzäpfchen.

In unseren Interviews kamen insgesamt achtundfünfzig Schwangerschaftsabbrüche zur Sprache; zwölf davon, also ein gutes Fünftel, waren trotz praktizierter Empfängnisverhütung notwendig geworden. »Es gibt keine sicheren Verhütungsmittel. Die Sache habe ich am eigenen Leib erfahren. Ich bin trotz Pille schwanger geworden, trotz Diaphragma, trotz Spirale.«

Zwar ist das Risiko der unerwünschten Schwangerschaften heute wesentlich geringer als vor dreißig oder fünfzig Jahren, aber eine gewisse Beunruhigung bleibt trotzdem bestehen, vor allem bei denen, die bereits einmal erlebt haben, daß sie ungewollt schwanger wurden. Eine Frau, die selbst zehn Abbrüche hatte, bevor die heutigen Verhütungsmittel eingeführt wurden, faßt die Situation zusammen: »Ich glaube nicht, daß die Frauen es heute vermeiden können. Sie nehmen die Pille und vertragen sie nach einer Weile nicht mehr. Dann nehmen sie die Spirale. Das geht eine Weile, dann haben sie Beschwerden und Entzündungen und lassen sie wieder rausmachen. Es ist auch heute noch schwierig, sicher zu verhüten. Ich sehe das an meinen Töchtern. Aber man kann immer mal ein paar Jahre überbrücken, und dann wird man schon vierzig, und es passiert nicht mehr so leicht.«

Die als sicher geltenden Verhütungsmethoden sind nicht unfehlbar. Am Beispiel der Spirale, mit der jährlich nach gesicherten wissenschaftlichen Untersuchungen 1 bis 2 % der Frauen schwanger werden, zeigt sich deutlich, daß die Wahrscheinlichkeit zwar relativ gering ist, aber wenn es sich um eine große Anzahl Frauen handelt, entsteht doch eine große Zahl unerwünschter Schwangerschaften. In der Bundesrepublik wurde 1985 nach einer repräsentativen Umfrage[7] die Zahl der Frauen, die die Spirale benutzen, mit 10,4 % benannt. Das wären rein rechnerisch jährlich gut 10 000 bis 15 000 Frauen, die trotz Spirale schwanger werden. Bei der Anwendung von Kondomen oder des Diaphragmas liegen die Zahlen vermutlich noch höher. Trotzdem sind diese Mittel als sichere Methoden anerkannt.

Die von uns befragten Ärztinnen und Ärzte beraten über

alle Verhütungsmethoden. Sie benannten als sichere Verhütungsmittel immer wieder die Spirale und die Pille und äußerten ihr Befremden darüber, daß die Frauen mit wiederholten Abbrüchen diese sicheren Mittel nicht anwenden wollen.[8]

Wenn das so ist, was haben die Frauen gegen diese Mittel einzuwenden? Wir stellten fest:

– Vier Frauen wurden mit Spirale schwanger und haben deshalb kein Vertrauen mehr.

– Zwei Frauen hatten starke Entzündungen, hervorgerufen durch die Spirale.

– Sieben Frauen berichten von starken Nebenwirkungen bei Pilleneinnahme.

– Die anderen Frauen lehnen es ab, täglich Hormone zu schlucken, wollen nicht das Gefühl der Verfügbarkeit, wollen einen bewußteren Umgang mit Männern und Sexualität.

»An Verhütungsmitteln habe ich alles ausprobiert. Bevor ich meine Tochter bekam, habe ich jahrelang die Pille genommen. Schon als ich sechzehn Jahre alt war. Sie hatte ganz schreckliche Nebenwirkungen. Ich habe viele Sorten ausprobiert. Entweder nahm ich zu, oder es ging mir psychisch nicht gut, oder ich fühlte mich einfach hilflos. Sexualität machte mir überhaupt keinen Spaß mehr. Wie ein Werkzeug fühlte ich mich. So aufgefaltet und benutzt. Meine ganze Körperlichkeit war unterdrückt. Ich konnte es dann wirklich nicht mehr aushalten.«

Dieselbe Frau benutzte später die Spirale: »Ich war dann bei meiner Ärztin, und die konnte das kleine Band von der Spirale nicht mehr finden. Sie hat mich dann überwiesen, und der Arzt sagte: ›Um Gottes willen, wo sitzt die denn!‹ Er holte sie gleich raus. Es war alles vereitert. Es war also kein Wunder, daß es weh getan hatte. Da war ich mit dem Thema Spirale durch.«

»Die Pille macht mich krank. Ich habe alle ausprobiert, anderthalb Jahre lang, und ich hatte keine Lust, mit jemandem zu schlafen, so toll hat die gewirkt. Ich denke, die Hormone und der Zwang haben das bewirkt. Ich habe schon immer eine sehr unregelmäßige Regel. Damit kann ich leben. Das hab ich von Anfang an so erfahren. Und dann war alles so *regel*mäßig.«

»Ich vertrage aus psychischen Gründen so was überhaupt

nicht. Wenn ich eine Tablette schlucken muß, dann wird mir allein vom Hinsehen schon schlecht. Es geht einfach nicht. Ich kann es nicht.«

»Nach dem ersten Abbruch habe ich die Pille genommen. Ich habe wahnsinnige Kopfschmerzen gekriegt, und ich habe sonst nie Kopfschmerzen. Ich habe gedacht, ich hätte einen Gehirntumor oder so was. Ich hab die Pille abgesetzt und habe nie wieder Kopfweh gehabt.«

Trotz der Ablehnung der Pille greifen einige der Befragten nach einem Schwangerschaftsabbruch auf die Pille zurück. Die Pille als »Valium«, als Beruhigung. Nur die Pille garantiert danach die Seelenruhe.

Wir haben gesehen, daß es trotz der Anwendung der als sicher eingeschätzten Verhütungsmethoden zu ungewollten Schwangerschaften kommen kann. Daß es physische und psychische Gründe gibt, die als modern und zuverlässig gepriesene Spirale und Pille nicht mehr anzuwenden. Wir wissen darüber hinaus, daß außer der Spirale alle Mittel eine erhebliche Disziplin verlangen. Selbst die Pille verlangt, daß man jeden Tag an sie denkt, sich jeden Tag entscheidet, kein Kind zu wollen.

Von achtundfünfzig Schwangerschaften, über die wir mit den Frauen sprachen, hätte in einunddreißig Fällen die Möglichkeit bestanden zu verhüten. Warum praktizierten die Frauen keinen Empfängnisschutz?

»Ich hatte nicht verhütet. Ich dachte, so fruchtbar bin ich auch nicht. Ein Arzt hatte mir erzählt, ich hätte eine kleine Gebärmutter. Die Chance, schwanger zu werden, war nicht groß, weil ich eigentlich nicht viel, wie sagt man, Sexualverkehr hatte.«

»Die Schwangerschaften kamen oft durch so blöde Situationen zustande wie: einmal die Pille nicht nehmen und gleich schwanger werden, oder das Präservativ reißt, oder sich einfach mal im Tag vertun. Es sind Mißgeschicke gewesen.«

»Ich hab die Pille genommen und hatte dann keine Lust mehr. Ich benutze jetzt seit zehn Jahren das Diaphragma und zwischendurch immer mal wieder die Pille. Das Diaphragma finde ich sehr lästig. Ich hab einen relativ stabilen Zyklus. Und dann zählen und drauf achten. Da kann man sich schon mal um einen Tag verhauen, wenn man es nicht ganz genau im

Kopf hat, und man hofft, Glück zu haben, daß es gutgeht. Gerade wenn man auf Reisen ist, finde ich das schwierig.«

»Das ist alles nicht so gut organisiert bei uns. Beispielsweise kommen wir in Situationen, wo wir beide einen tollen Abend hatten, Wein getrunken und so... Ja, und dann ist es beinahe schon egal. Dann kann es natürlich trotz aller Vorsicht passieren.«

Sind es die hier zitierten Frauen, die gemeint sind, wenn von Leichtsinn und Nachlässigkeit die Rede ist? Wir konnten keine besondere Nachlässigkeit erkennen. Keine der Frauen plant, Abtreibung als Verhütungsmethode zu benutzen. Sie handeln in der Hoffnung des Augenblicks, es werde »alles gutgehen«. Viele Frauen kennen solche Situationen, in denen auf Empfängnisschutz verzichtet wurde, und viele dieser Situationen werden auch vergessen, weil nichts passiert ist. Mangelnde Verhütung führt ja nicht immer zu Schwangerschaften. Wir wissen nichts über die Häufigkeit von Empfängnis bei ungeschütztem Verkehr; denn wir haben ja nicht mit den Frauen gesprochen, bei denen alles gutgeht, sondern nur mit denen, die ungewollte Schwangerschaften erlebten: Das waren viele, die trotz der Annahme, sicher zu verhüten, schwanger wurden, und auch andere, die es mal darauf ankommen ließen.

Verständnis für spezielle Situationen, in denen Verhütung aus dem Blick gerät, fanden wir auch bei einigen Frauen, die selbst keinen Schwangerschaftsabbruch hatten.

Eine Grafikerin: »Aus Gesprächen hab ich auch schon mal rausgehört, daß Frauen nicht verhütet haben, es eben drauf ankommen lassen. Ich würde das nicht moralisch werten wollen. Ich kann das sogar verstehen, weil ich es manchmal selber auch unheimlich nervig finde, ständig daran denken zu müssen: Was nimmst du jetzt für ein Verhütungsmittel. Und daß ich da so besonders vorsichtig bin, das ist vielleicht mein Charakter. Ich bin auch in anderen Dingen so.«

Bei der Frage, wie es überhaupt zu wiederholten Schwangerschaftsabbrüchen kommen kann, fällt der Blick stets auf die »unverantwortlichen« Frauen. Ihre Partner, die Männer, bleiben eher im Schatten. Dabei sind Frauen – soweit sie nicht Pille oder Spirale benutzen – auf die Kooperation ihres Partners angewiesen. In einer von uns durchgeführten Untersuchung[9] befragten wir Männer zum Thema Verhütung. Es stellte sich heraus, daß die meisten der Meinung sind, Verhütung sei eine »partnerschaftliche Angelegenheit«, daß sie aber konkret wenig dazu beitragen. Kondome werden von den meisten abgelehnt, ebenso Sterilisation; so beschränkt sich der partnerschaftliche Anteil darauf, den Frauen bei ihrer Empfängnisverhütung zuzusehen. Einige der von uns befragten Frauen sprachen mit großer Empörung über ihre Partner, besonders über ihre Reaktionen auf die ungewollte Schwangerschaft.

»Ich könnte schreien, wenn ich diese Sprüche von Männern höre: Wie konnte das passieren, wie konntest du schwanger werden. So, als wenn sie überhaupt nichts damit zu tun haben.«

Wie sehr die Empfängnisverhütung von der Kooperation des Partners abhängt, beschreibt diese Frau: »Ob ich verhüte oder nicht, hängt auch von dem Mann ab. Es gibt Männer, bei denen ich nicht verhüten würde. Da würde ich denken, das stört jetzt so, weil das ein Typ ist, der damit nicht umgehen kann. Und ich kann nicht damit umgehen, wenn er nicht damit umgehen kann.«

Eine andere Frau, die viermal von ihrem derzeitigen Freund schwanger war, beschreibt ihre Enttäuschung: »Er ist vierzig Jahre alt, hat ein Kind, und er will keine Kinder mehr haben. Wir haben darüber gesprochen, daß er sich sterilisieren lassen könnte. Aber da hat er eine Abneigung. Ich hab ihm gesagt, er könnte doch mal in eine Beratungsstelle gehen, um persönlich drüber zu sprechen. Im Bekanntenkreis sind auch zwei, die sterilisiert sind. Mit denen unterhält er sich aber auch nicht... Nach der Abtreibung darf man ja eine Weile keinen Verkehr haben. Ich finde, daß mein Freund sich da rücksichtslos verhalten hat. Es ging um einen Tag, und ich wollte noch ein bißchen abwarten, aber er wollte unbedingt. Das fand ich außerordentlich rücksichtslos. Zumal er bei dem Gespräch mit der Ärztin dabei gewesen war und es auch mitgekriegt hatte.«

Es ist also nicht nur die Verhütungsmisere, die es den Frauen schwermacht, ungewollte Schwangerschaften zu vermeiden. Es gibt daneben auch einen Zwang zur Sexualität, einen Druck, den Wünschen des Partners nachzugeben, dem sich manche Frauen hilflos ausgesetzt fühlen. Da die meisten empfängnisverhütenden Mittel von Frauen angewandt werden müssen, und da zudem in der Aufklärungsliteratur und anderen Medien der Eindruck erweckt wird, diese Mittel seien durchweg zuverlässig und unschädlich, kann bei den Männern der bequeme Anspruch entstehen, daß die Partnerinnen für den reibungslosen Ablauf der Sexualität zuständig sind.

Daß es auch anders geht, beschreibt eine Frau, deren Partner konsequent mit Kondom verhütet, nachdem sie einmal ungewollt schwanger geworden war: »Das war so, daß ich es ihm ganz deutlich gesagt habe, daß für mich die Pille nicht in Frage kommt und die Spirale auch nicht und schon gar nicht die Temperaturmethode. Wenn man die beherrscht, finde ich das super, aber ich bin da viel zu schwankend, das würde ich nicht durchhalten. So hat er sich für Präser entschieden. Es war für ihn sicherlich auch toll, diesen Entschluß zu fassen, denn er will keine Kinder haben, und nun kann er auch was dafür tun.«

Empfängnisschutz ist heute selbstverständlich, das wissen auch die von uns befragten Frauen. Doch aus der Möglichkeit, sich zu schützen, ist auf subtile Weise ein Zwang geworden. Frauen, die Sexualverkehr haben, sind verpflichtet zu verhüten – eine Verpflichtung, die zunächst aus der Verhütungslegende erwächst: Es gibt für jede Frau das passende Mittel. Das ist ein Angebot, das nicht ausgeschlagen werden darf.

Um ein Beispiel aus dem Straßenverkehr zu nehmen – der ja genau wie der Geschlechtsverkehr als grundsätzlich gefährlich gilt: Wenn es erst einmal Ampeln und Verkehrsüberwege gibt, ist man auch verpflichtet, sie zu benutzen, sonst ist man selbst schuld, wenn man zu Schaden kommt.

Frauen, die nicht erfolgreich verhüten, machen sich schuldig – dies Bewußtsein wird in vielen Aussagen deutlich:

Der Zwang zur Verhütung, zur erfolgreich geleisteten Verhütung führt zu Leiden: »Ich hatte immer das Gefühl von persönlichem Versagen. In Zeiten, in denen Verhütungsmittel frei verfügbar und ohne Probleme zu erwerben sind, war das ein Zeichen von persönlicher Unfähigkeit. Ich hab immer gedacht, mit mir stimmt was nicht, weil mir das eben permanent passierte. Ich habe mich geschämt dafür und mochte es überhaupt niemandem erzählen.«

Weniger vorwerfbar scheint es den Frauen, die trotz korrekter Pilleneinnahme oder trotz Spirale schwanger geworden sind – immerhin ein gar nicht so seltenes Vorkommnis, für das sie sich nicht verantwortlich fühlen: »Den zweiten Abbruch hab ich ignoriert. Da hab ich hinterher nie mehr dran gedacht. Ich hatte ja die Spirale. Ich hatte keine Schuld.«

Wer den Eingriff in natürliche Körperfunktionen scheut, wer den Einsatz von Instrumenten und Medikamenten verweigert, kommt leicht in den Verdacht der Unfähigkeit oder Schlamperei. Das betrifft vor allem die Methoden, die eigenverantwortlich bei jedem Geschlechtsverkehr angewandt werden müssen, wie Diaphragma, chemische Mittel oder »natürliche Methoden«. Oft verlieren die Frauen das Vertrauen in sich selbst: »Deshalb bin ich auch immer wieder hingegangen und hab mir bestätigen lassen, daß ich es richtig mache. Es ist völlig irrational, weil ich das Diaphragma immer anwende. Und trotzdem werde ich bei den Schwangerschaften völlig verunsichert.«

Auch die Sexualität leidet unter der Angst, daß die Verhütung wieder versagt. Frauen berichteten, daß sie lange Zeit nach einem Schwangerschaftsabbruch jede Annäherung ablehnten, aus lauter Angst, wieder schwanger zu werden. Diese Gefühle waren besonders heftig bei Frauen, die meinten, sicher verhütet zu haben. Eine Frau, die trotz Diaphragma schwanger geworden war: »Obwohl kein Mann mich berührt hat, hab ich jedesmal gezittert, bevor ich meine Regel gekriegt habe. Ich habe richtig Wahnvorstellungen gehabt, habe gedacht, daß ich schwanger wäre, weil ich im Schwimmbad war. Ich hab eine sehr starke Ablehnung gegen Männer gehabt, weil ich dachte, die verursachen das. Die wollen dir nur Böses.«

Die Verhütungslegende führt zu panischen Reaktionen, weil die Frauen das Vertrauen in eigenständiges Handeln verlieren; sie schafft moralischen Druck, weil sie den Frauen die Verantwortung für alle Folgen der Sexualität zuschiebt und es zugleich den Männern ermöglicht, die unkomplizierte sexuelle Verfügbarkeit ihrer Partnerinnen zu erwarten. Die Verhütungslegende schiebt allein den Frauen die Schuld an ungewollten Schwangerschaften und an ihrem Abbruch zu.

Wer die Legende durchschaut, muß zu dem Ergebnis kommen, daß ungewollte Schwangerschaften aus Sexualität, kombiniert mit der Unsicherheit, der Unverträglichkeit und der aufwendigen Handhabung von Verhütungsmitteln, entstehen, daß zum erfolgreichen Empfängnisschutz auch die Männer mitspielen müssen und daß es Situationen gibt, in denen man sich verschätzt oder Verhütung einfach vergißt. Empfängnisverhütung fällt uns nicht in den Schoß, sie erfordert Mühe und Aufwand und eine beständige Aufmerksamkeit für die ganze Zeitspanne der Fortpflanzungsfähigkeit – das sind im Frauendurchschnitt mindestens dreißig Jahre. Manchen fällt es leicht, für manche ist es fast unmöglich, sich vor ungewollter Empfängnis zu schützen. So wird es immer weiter Schwangerschaftsabbrüche und auch wiederholte Abbrüche geben.

*»Die ständige Angst,
daß es wieder passiert –
ein Teufelskreis«*

Diplompädagogin, Pro-Familia-Beraterin, siebenunddreißig
Jahre

Es ist schon viele Jahre her, ich arbeitete noch in Rheinland-
Pfalz, wo es ja viel schwerer war, einen Schwangerschaftsabbruch zu bekommen, da kam eine Frau zu mir in die Beratung, die sagte, sie sei schon mal dagewesen. Ich war zu
Tode erschrocken, daß sie genau nach einem Jahr ein zweites
Mal wegen einer §-218-Beratung kam. Auf der einen Seite
war es schwierig, ein Krankenhaus zu finden, das einen Eingriff durchführte. Diese Seite hat mich in Not gebracht, und
auf der anderen Seite war auch so was wie Ärger da. Wie
konnte das passieren? Einmal darf man. Das erinnert mich
an dies Klischee: Man wurschtelt sich rein und auch wieder
raus. Einmal, das kann ja auch eine positive Lernerfahrung
sein.

Ich hatte mal eine Frau in der Beratung, die sagte, daß ihre
Entscheidung zum Schwangerschaftsabbruch eine Veränderung in ihrem Leben gewesen sei, und es habe ihr unheimlich
gutgetan, so bewußt eine Entscheidung zu treffen. Wenn es
so läuft, dann fühlt sich jede wohl. Auch die Beraterin, die
sich dann geschmeichelt fühlt. Aber die Frauen, die immer
wieder kommen, konfrontieren dich mit deinem Mißbehagen. Früher habe ich dann überlegt, ob ich vergessen habe,
die Verhütungsberatung zu machen, oder ob die Entscheidung beim letzten Mal doch nicht so eindeutig war. Bei den
Doppelabbrüchen, da zeigt sich eigentlich der Knackpunkt
der §-218-Beratung. Denn im Prinzip sind wir ja alle tole-
rante Menschen, die anderen Leuten auch Schwächen zuge-
stehen, wobei dann aber auch erwartet wird, daß diese
Schwächen ausgebügelt werden. Das ist ja im Grunde das,
was wir als Beraterin jeden Tag machen. Wir sehen die Frauen

in ihrer schwierigen Situation. Wenn sich an die §-218-Beratung die Verhütungsberatung anschließt, dann vermitteln wir damit dieses Stückchen Moral: Daß du mir ja nicht wieder herkommst! Und in wirkliche Konflikte geraten wir dann, wenn anders mit dem Problem umgegangen wird, als wir das erwarten. Das bereitet uns dieses Mißbehagen, wenn Frauen, aus welchem Grund auch immer, unentwegt wieder schwanger werden.

Mir hat es sehr wohlgetan, daß ich mal mit einer Frau über mein Unbehagen dabei ausführlich gesprochen habe. Ich sagte ihr, wenn die Frauen öfter wiederkommen, bin ich sauer; ich kann dann schlecht Beratung machen und habe auch das Gefühl, für solche Frauen ist der Abbruch offensichtlich nicht so schwerwiegend wie für mich. Diese Frau sagte dann zu mir: Das ist doch selbstverständlich, wer einmal ungewollt schwanger wird, kann es auch zehnmal werden. Ich dachte, die hat ja verdammt recht, natürlich ist das so.

Inzwischen meine ich, daß meine frühere Haltung unheimlich geprägt war durch meine Mittelschichtseinstellung: Fehler sind dazu da, daß man draus lernt. Um Gottes willen nicht noch mal den gleichen Fehler machen. Man kann sich einen leisten, aber mehr nicht.

Meine Einstellung hat sich völlig geändert. Dieses Moralische ist weg. Heute tun mir diese Frauen leid, die so furchtbar viel Ungünstiges mit ihrem Körper erleben. Daß sie immer wieder in Situationen geraten, in denen sie im Grunde genommen die Unterlegenen sind und sich mit Kraft irgendwie freistrampeln müssen, daß sie immer wieder dieses Pech haben, tut mir heute leid. Gesundheitlich, denke ich weniger, daß es schädlich ist. Bei einem Abbruch kann genausoviel passieren wie bei zwei, drei oder mehr. Ich denke eher, daß es Auswirkungen auf das Selbstwertgefühl der Frauen hat. Sie geraten immer wieder in die Rolle der Hilflosigkeit, müssen bitten um Indikation, Beratung und um den Abbruch. Das ist schwierig zu verkraften und hat bestimmt auch Auswirkungen auf die Sexualität. Und dann die ständige Angst davor, daß es wieder passieren kann, das ist ein Teufelskreis.

Mir kommt es so vor, als wenn ungefähr 50 % der Frauen, die ungewollt schwanger werden, auch öfter ungewollt schwanger werden. Im großen und ganzen denke ich, daß diese Sache nach dem Zufallsprinzip geht. Es hat ja wirklich nichts mit Schuld oder Unschuld zu tun. Einige Leute leisten sich absolute Schlampereien, und denen passiert nichts.

Für mich war das Lesen von psychoanalytischen Geschichten darüber, warum Frauen ungewollt schwanger werden, immer verführerisch. Ich finde, es sind spannende Konstruktionen. Aber ehrlich, in meinem Herzen glaube ich, daß es purer Zufall ist. Daß es ähnlich zufällig ist wie die Entscheidung, die fällt. Da braucht nur jemand freundlich zu lachen und zu sagen: »Ich helfe dir schon dabei«, dann kriegt man das Kind, oder aber der Frauenarzt war so unfreundlich, daß man sich doch lieber entschließt, sich nicht drauf einzulassen.

Ich kann mit solchen Erklärungen, daß ein unbewußter Kinderwunsch dahintersteckt, nichts anfangen. Für mich war es immer schwer zu verstehen, daß Frauen, die gerade einen Abbruch hatten, wieder schwanger sind und sich sehr darüber freuen, obwohl sich in der kurzen Zeit an den Lebensverhältnissen nichts geändert hat, was diese Entscheidung einsichtig machen würde. Da ist man dann leicht geneigt, bei der ersten Schwangerschaft zu unterstellen, daß sie unbewußt gewollt war. Ich halte trotzdem an dem Zufallsprinzip fest. Beim geheimen Kinderwunsch gibt es zu viele Dinge, die mir einfach nicht stimmig scheinen. Es hat auch etwas Boshaftes. Es ist eine perfide Unterstellung, und ich denke, wenn überhaupt jemand etwas herausfinden kann, dann nur die Frau selber. Wenn sich z. B. jemand eine Spirale legen läßt, kann man eigentlich davon ausgehen, daß es nicht aus Spaß gemacht wird. Und dann bei einer Schwangerschaft zu sagen, es ist ein unbewußter Kinderwunsch, das finde ich absurd.

Unterschiede gibt es sicherlich hinsichtlich der Fruchtbarkeit. Es gibt Frauen, die über Jahre nicht schwanger werden, obwohl sie es sich sehr wünschen. Und bei anderen braucht nur, wie man so schön sagt, die Hose am Bett zu hängen, und schon sind sie schwanger.

Da ist ja auch noch eine andere Sache, an der ich mein Zufallsprinzip ablese: Frauen, die mit einem Partner zusammenleben und häufig Verkehr haben und bei denen es nie oder selten passiert, und dann die sogenannten armen Würstchen, die oft in der Beratung sitzen, die ein einziges Mal fremdgegangen sind, und schon ist der ganze Schlamassel da.

Es gibt sicher auch Frauen, die aus Nachlässigkeit öfter schwanger werden. Das stört mich überhaupt nicht. Sicherlich kann man vielen Frauen in vielen Punkten irgendwelche Schlampereien nachweisen oder Inkonsequenz. Ich denke, das ist die Realität. Man kann die Frauen an zehn Fingern abzählen, die wirklich während der ganzen Zeit ihrer Fruchtbarkeit, nämlich mindestens dreißig Jahre, sich täglich konsequent überlegt haben, wie sie heute wieder verhüten. Das hat auch etwas Roboterhaftes.

Früher war es so, daß für mich zu jeder Indikation die Verhütungsberatung gehörte. Es ging für mich um das Beseitigen der inkonsequenten Lebensführung. Ich erinnere mich noch, bei der Bescheinigung zum Schwangerschaftsabbruch war eine Spalte vorgedruckt, in die die zukünftige Verhütungsmethode eingetragen wurde, so daß man nie vergaß, das mit der Frau abzusprechen. Am liebsten sollte der Arzt, der den Abbruch machte, gleich eine Spirale legen. Die wurde der Frau schon zusammen mit den Papieren mitgegeben. Das war eine ganz perfekte Lösung.

Heute sehe ich das ganz anders. Ich habe nicht den Eindruck, daß es etwas mit Hilflosigkeit oder mit Uninformiertheit über Verhütung zu tun hat. Es kommen zwar immer wieder mal Hühnchen, bei denen man sich wundert, daß es das noch gibt. Aber im Prinzip ist es keine Frage der Unwissenheit. Bei den Jugendlichen ist das etwas anderes. Da ist für mich der Grund für häufige Schwangerschaften, daß sie davon ausgehen, es kann ihnen nicht passieren. Sie haben einfach so wenig Erfahrung im Umgang mit ihrem Körper, daß sie glauben, viele Dinge passieren ihnen nicht.

In der §-218-Beratung bringe ich es selber zur Sprache, wenn eine Frau mehrmals kommt. Wenn die Karte schon auf dem Tisch liegt und die Frau und ich es wissen, sozusagen: da ist der Schwarze Peter, dann ist es auch wichtig, ihn zu benennen. Die Frauen sprechen dann sehr schnell darüber, wie es ihnen geht: »Mir geht es ganz schlecht damit, und ich finde es furchtbar, daß ich wieder hier bin. Ich bin schlampig, ich bin schlecht. Ich bin sexuell verwahrlost.« Immer so was in der

Richtung. Da sind irrsinnig viele Vorwürfe, die Frauen sich schon seit Nächten gemacht haben. Wie oft habe ich im Laufe der Jahre den Satz gehört: »In diese Räume wollte ich nie wieder kommen.«

Es ist dann gut, daß man sein Verständnis signalisieren kann. Das ist für mich auch der einzige Vorteil der Beratung, daß die Frau eventuell das Gefühl hat, sie ist damit nicht allein gelassen.

Aus Schaden wird man (nicht) klug

Diese Lebensweisheiten kennen wir alle: Aus Schaden wird man klug! Einmal ist keinmal! Ein Ausrutscher, das kommt in den besten Familien vor! Aus Fehlern lernt man!

Wer seine Geldbörse verliert, soll daraus lernen, sie besser zu verwahren. Beim ersten Mal wird man bedauert; passiert es aber in kurzen Abständen häufiger, wird man schon mit Argwohn betrachtet. Man erntet Ermahnungen wie: »Ach, schon wieder? Wieso kannst du nicht aufpassen?«

Wer den falschen Partner wählt, kann beim ersten Liebeskummer auf Trost und Unterstützung hoffen; doch wenn eine Beziehung zum zweiten oder dritten Mal scheitert, wird es schon als Makel oder gar Charakterfehler bewertet. Das ist die Erfahrung, die die Helferinnen im Frauenhaus oder in der Eheberatung kennen: daß manche Menschen dazu neigen, ihre Fehler zu wiederholen; daß auch schmerzhafte Erfahrungen nicht gleich den ganzen Menschen umkrempeln.

Weil Schwangerschaftsabbruch von vielen Menschen als unmoralische Handlung bewertet wird, erleben Frauen schon bei einem ersten Abbruch allzuoft Vorwürfe und ein Spießrutenlaufen, bis sie den Eingriff hinter sich haben. Und doch begegnen ihnen zugleich im Freundeskreis, in Beratungsstellen und bei Ärzten viele Anzeichen von Verständnis und Mitgefühl. Danach sollten sie besser aus diesem »Ausrutscher« lernen, denn bei wiederholten ungewünschten Schwangerschaften wendet sich das Blatt. Verständnis, Trost und Mitgefühl wandeln sich in Vorwurf und Skepsis.

Die Erwartung, daß Menschen aus ihren Fehlern lernen, liegt vielen Erziehungssystemen zugrunde, auch das Strafrecht beruht auf dieser Voraussetzung. Von einer Frau, die unerwünscht schwanger wurde und die einen Abbruch erleben mußte, wird erwartet, daß sie den Fehler erkennt und künftig vermeidet.

Tatsächlich werden viele Frauen durch das Erlebnis der Abtreibung zu radikalen Veränderungen ihrer Verhütungspraxis oder ihrer Sexualität bewogen: Sie wechseln von

»natürlichen« zu härteren Verhütungsmitteln, lassen sich die Spirale legen oder entschließen sich zur radikalsten Lösung: zur Sterilisation. Sie bewegen ihren Partner dazu, sich für die Zeugungsverhütung verantwortlich zu fühlen, oder vermeiden überhaupt für kurze oder lange Zeit den Geschlechtsverkehr.

Doch die Angst erweist sich nicht immer als guter Lehrmeister. Trotz bester Absichten kommt es oft zur Wiederholung alter Fehler oder zu neuen Situationen, die erneut eine ungewollte Schwangerschaft herbeiführen, – ein Rückfall, der nicht nur bei den betroffenen Frauen, sondern auch bei ihren Helfern, den ÄrztInnen oder BeraterInnen oft Enttäuschung auslöst. Die von uns befragten ÄrztInnen waren durchweg der Ansicht, daß ein Schwangerschaftsabbruch zu verändertem Verhalten führen sollte:

»Viele Frauen, die zu mir kommen, sagen: ›Ich kann mir nicht vorstellen, daß ich tatsächlich schwanger bin. Ich dachte, ich würde überhaupt nie schwanger werden.‹ Das ist eine Erfahrung, die dann zu einem Lernprozeß führt: zu wissen, daß man schwanger werden kann und daß man einen Schwangerschaftsabbruch nicht noch mal erleben will. Das führt dann zu einer höheren Motivation bei der Anwendung von Verhütungsmitteln.«

Wird die Frau trotzdem wieder schwanger, so gilt das als ein Zeichen, daß im anvisierten Lernprozeß etwas falsch gelaufen ist:

»Man geht ja davon aus und erwartet auch, wenn man einem Menschen was erzählt, nachdem er eine schlechte Erfahrung gemacht hat, daß da ein Lerneffekt eintritt. Und wenn das nicht passiert, da kann man einmal böse sein, sich gekränkt fühlen. Aber dann muß man sich fragen, warum hat er nichts gelernt aus dieser Situation. Irgendwas muß schiefgelaufen sein. Ich unterstell ja nicht, daß jemand aus lauter Jux und Tollerei Schwangerschaftsabbrüche machen läßt.«

Es schimmert Ärger und Enttäuschung durch, wenn trotz ärztlichen Bemühens nichts gelernt wurde. Das fanden wir häufiger:

»Wenn ich mit ihnen ausführlich über Verhütung geredet habe und sie dann nach einem halben Jahr wieder ankommen, dann denk ich, das wäre nicht nötig gewesen; ich bin auch sauer. Ich bring das aber nicht so zum Ausdruck, ich bin eher cool. Ich nehme ihnen so was übel. Also ich denke, die mogeln auch bewußt. Eigentlich müßten sie es besser wissen.«

Viele Frauen berichten von heftigeren Vorwürfen als bei dieser Ärztin. Selbst Ärzte, die sich engagiert für eine Abschaffung des § 218 oder für die Selbstbestimmung der Frau einsetzen, äußern Enttäuschung und Ärger, wenn eine Frau wiederholt einen Abbruch wünscht. Sie reagieren heftiger als in anderen medizinischen Bereichen, wo ebenfalls Rückfälle auftreten.

Gewiß spielt dabei eine Rolle, daß der Schwangerschaftsabbruch nach wie vor als strafbare Handlung gilt, die nur unter bestimmten Voraussetzungen gerechtfertigt ist, und daß der Arbeitsbereich gesellschaftlich negativ bewertet wird. Ein Gynäkologe, der es als Kränkung erlebt, wenn Patientinnen wiederholt zum Abbruch kommen:

»Man denkt, mein Gott, warum kann sie jetzt schon wieder hier sein? Warum kann der Mensch schon wieder schwanger sein? Schwangerschaftsabbruch ist irgend etwas Destruktives, davon müssen wir mal ausgehen. Nicht ein Job, den man voller Freude, voller Emotionalität oder voller Liebe macht, sondern es ist immer ein ganz schönes Stück Mitleiden dabei. Das ist belastend.«

Schwangerschaftsabbruch soll ein einmaliger Rettungsakt bleiben. Und die ÄrztInnen bemühen sich, daß dieses Anliegen erfolgreich ist. Das ist nicht nur bei den von uns befragten ÄrztInnen so. Ketting und van Praag stellten bei niederländischen Ärzten fest:

»In den Niederlanden z. B. waren die Ärzte, die in den Abbruchkliniken arbeiteten, während der ersten Jahre nahezu allgemein der Meinung, es sei ihre Aufgabe zu verhindern, daß die Frau erneut unerwünscht schwanger würde. Kam dieselbe Frau nach einiger Zeit erneut mit dem Wunsch nach Schwangerschaftsabbruch, betrachtete der Arzt das häufig als ein Zeichen persönlichen Scheiterns: es war ihm nicht gelungen, seine Aufgabe angemessen zu erfüllen. Anstatt der Frau und ihrem Partner die Verantwortung für die Anwendung von Verhütungsmethoden zu überlassen, fühlte der Arzt sich schuldig.«[10]

Ob nun die ÄrztInnen meinen, sie hätten versagt, oder ob

dieses Versagen bei den Frauen angenommen wird, deutlich ist in jedem Fall das Bemühen darum, daß es bei einem Mißgeschick, einer »Panne« bleibt. Dieser Wunsch wird offensichtlich mit der Möglichkeit verwechselt. Denn an der Möglichkeit, schwanger zu werden, ändert ein Schwangerschaftsabbruch nichts; trotz des Bemühens der ÄrztInnen und des Bemühens der Frauen. Ein Schwangerschaftsabbruch ändert nichts an der Verhütungsmisere und an den Beziehungsproblemen und vielfältigen anderen Gründen, die zu Schwangerschaften führen.

Die Erwartung, aus einem Fehler Konsequenzen zu ziehen, wird offenbar nicht an alle gleichermaßen gerichtet. Besonders von gebildeten Frauen wird mehr erwartet. Wer für intelligent gehalten wird, gilt als lernfähiger. Den weniger Gebildeten ist leichter zu verzeihen.

Eine Arzthelferin berichtet von zwei Patientinnen, die mehrere Abbrüche hatten:

»Ich habe die Patientinnen eigentlich für intelligent gehalten. Die eine hatte studiert. Wenn man ein gewisses Niveau hat, dann erwarte ich von den Frauen, daß sie eine Kenntnis von den Verhütungsmitteln haben und sie anwenden. Ich will ja niemanden verurteilen, aber wenn es einmal passiert ist, sollte man doppelt vorsichtig sein. Ich kenne viele Frauen, die in solche Situationen reinschlittern. Einfach aus Dummheit oder aus Unwissenheit. Aber das war bei diesen Patientinnen nicht der Fall. Die waren einfach zu sorglos. Weil sie intelligent sind, hätte ich eine gewisse Eigeninitiative erwartet.«

Eine Therapeutin: »Ich habe die Vermutung, daß Frauen, die wenig aufgeklärt sind, im Sinne, daß sie – ich sag es jetzt ruhig mal – wenig Bildung haben, daß diese Frauen auch wenig gelernt haben, nachzudenken oder bewußt zu handeln. Es ergibt sich bei ihnen eher aus dem Strom der Zeit. Ich glaube, daß diese Frauen mehr Schwierigkeiten haben, Verhütung konsequent durchzuführen.«

Den Verdacht, daß mehrere Abbrüche ein Zeichen von mangelnder Bildung sind, fanden wir öfter: »Also irgendwie sind Leute, die nicht richtig verhüten, und das mehrere Male, ein bißchen anrüchig, schlampig oder ein bißchen dumm. Die meisten Leute werden das Problem darauf reduzieren, daß sie sagen, ja, die müssen ein bißchen doof sein.«

Diesen Einschätzungen zufolge scheint Verhütung schwer erlernbar zu sein. Und die Einsicht, daß Verhütung wichtig ist, fällt den Frauen schwer. Das meint jedenfalls ein Gynäkologe:

»Man muß mit den Frauen so lange über Verhütung sprechen, bis sie wirklich mal verstehen, daß es wichtig ist. Manche benutzen Verhütungsmittel, die sie nicht beherrschen. Alternative Mittel sind wunderbar, hat ja keiner was dagegen, aber die sind schwierig. Da gehört eine Menge Intelligenz und Gewissenhaftigkeit dazu.«

Die Hoffnung, es möge bei einem Abbruch bleiben, ist den Frauen, die mehrere Abbrüche hinter sich haben, nicht fremd. Fast alle hatten diese Erwartung auch an sich selbst. Sie gingen davon aus, daß es ihnen nie wieder passieren würde. »Für mich war es die Strafe, daß es mir nach dem zweiten Abbruch so schlecht ging, weil ich nichts draus gelernt hatte. Ich hätte lernen sollen, sicher zu verhüten oder mich zu enthalten. Ich hatte im Kopf, daß ich immer die gleichen Fehler mache und daß meine Verhütungsmethode nicht richtig ist. Obwohl ich mich vier Jahre darauf verlassen konnte.« Gerade so, als wäre mit einem Schwangerschaftsabbruch etwas passiert, das vor weiteren Abbrüchen schützt.

Viele Frauen berichten, daß sie nicht nur nach dem ersten Abbruch, sondern auch nach den weiteren den Vorsatz faßten, daß dies das letzte Mal war. »Nach jedem Abbruch hab ich gedacht, jetzt mußt du ganz konsequent sein. Aber eine Zeitlang später war es wieder das alte Lied.«

Wenige Frauen gehen von vornherein davon aus, daß sie noch weitere Abbrüche haben könnten: »Ich kann mir vorstellen, daß ich noch mal in diese Situation kommen kann, wo ich es machen lasse. Ich bin da großzügig mit mir. Ich denke schon, es sollte nicht allzuoft passieren, ich paß schon auf, daß das nicht vorkommt.«

Vor dreißig Jahren hatten die Frauen noch nicht die Vorstellung, daß es bei einem Ausrutscher bleiben könnte. Sie waren eher mit der Frage beschäftigt: »Mal sehen, wie lange es gutgeht.« Sie gingen davon aus, weiterhin Geschlechtsverkehr zu haben, also auch öfter schwanger werden zu können.

Den Ansprüchen gerecht zu werden, aus Schaden klug zu werden, so zu handeln, daß es nicht zu ungewollten Schwangerschaften kommt, wäre wohl leichter, gäbe es nicht die Lust und die Liebe. Die Ansprüche an den Verhütungserfolg richten sich auf eine Situation, in der Vernunft und Rationalität meist keine Rolle spielen. Weil es Lust und Liebe gibt, verlieren Frauen und Männer den Kopf und vergessen Begriffe wie Eisprung und Empfängnis. Sexualität ist ein physisches und psychisches Grundbedürfnis. Es gibt Situationen, in denen Vernunft, Vorsicht und sexuelle Lust einander feind sind, wie Kopf und Bauch. Nicht immer wird eine geplante, bewußte Sexualität akzeptiert. Hingabe und Spontaneität vertragen sich nicht mit Kontrolle.

Die Folge kann eine Schwangerschaft sein, die durch Abbruch beendet wird. Die Folge können letztlich mehrere Schwangerschaftsabbrüche sein. Diese Eingriffe möchten alle Frauen vermeiden, ebenso die Konflikte, die damit verbunden sein können. Aber ein Schwangerschaftsabbruch führt offensichtlich nicht dazu, daß die Rationalität immer die Oberhand gewinnt. Das ist für viele unverständlich. So auch für diesen Gynäkologen:

»Das sind Sachen, die rational schwer faßbar sind. Man denkt, das muß doch ein schreckliches Erlebnis gewesen sein. Das muß doch im Kopf drin sein, daß man sich in dieser wieder auftretenden Situation anders verhalten würde. Rational. Emotional muß das doch bei denen total anders laufen. Sonst könnte es ja nicht passieren.«

Auffallend ist, daß alle befragten Männer, unabhängig davon, ob Arzt oder nicht, nur von der rationalen, verhütungstechnischen Seite sprachen. Verlieren sie selbst denn nie den Kopf?

In vielen Gesprächen schilderten die Frauen Situationen, in denen ihre Gefühle die Vernunft besiegten.

»Wenn man zusammen schläft, dann kannst du das alles vergessen. Du kannst ja einfach Liebe nehmen und Liebe geben und ganz offen sein und einfach vergessen, was im Alltag ist.«

»Ich hab mich oft von Männern abgelehnt gefühlt, wenn sie so insistiert haben auf der Frage, ob ich verhüte oder nicht. Das war so, als wenn sie mit mir schlafen wollen, aber die Möglichkeit, daß ich schwanger werden könnte, das wollten sie nicht. Das war immer so eine Absage. Ich fühlte mich nicht in meiner Gesamtheit einbezogen. Rational ist das Quatsch, das weiß ich auch. Manchmal denke ich, daß ein sexueller Reiz auch aus der Möglichkeit entsteht, ein Kind machen zu können. Es ist was Tolles, daß aus dieser totalen Innigkeit eben auch ein Kind entstehen kann. Es ist klar, daß man nicht pausenlos irgendwelche Kinder kriegen kann, aber grundsätzlich ist es schön.«

»Es ist immer so gewesen, daß mich die ganze Verhütung unheimlich genervt hat. Es war immer so technisch. Dieses Mechanische an der Verhütung paßt nicht zu dem Akt des Zusammenschlafens. Man wird so rausgerissen. Das hab ich immer nicht so richtig geschafft.«

»Mehr Wut und Trauer und Empörung
als Scham«

Politologin, siebenundsechzig Jahre, zwei Kinder, fünf Abbrüche

In meinem letzten Schuljahr wurde ich schwanger von einer sehr flüchtigen Liebschaft. Der fühlte sich auch nicht weiter dafür zuständig. Er verschwand von der Bildfläche, weil er Angst hatte, daß es rauskommen könnte. Ich hatte furchtbare Angst. Es war klar, daß ich das Kind nicht kriegen würde, daß meine Eltern nichts davon wissen dürften und überhaupt niemand. Nicht nur, weil Abtreibung verboten war, sondern auch, weil eine uneheliche Schwangerschaft mich und meine Eltern und alle in furchtbare Schwierigkeiten gebracht hätte... alles kam einfach nicht in Frage. Klar war, ich mußte eine Abtreibung machen lassen und jemanden finden, der es tat. Ich mußte lange suchen. Es war eine furchtbare Zeit der Angst und Verzweiflung. Durch meine Freundin fand ich einen Medizinstudenten, der es für 150 Mark machte. Was er machte, habe ich nicht erfahren. Ich kann es mir heute rückwirkend ausrechnen. Er kam mit einem Lehrbuch an und sah zwischendurch immer nach. Er hatte irgendwie ein Bild der weiblichen Organe vor sich. Es hat übrigens nicht sehr weh getan. Ich hatte solche Angst, aber es war relativ schnell vorbei. Er nahm die 150 Mark und sagte, in den nächsten Tagen wäre alles gut. Ich wußte gar nicht, was passieren würde. Nach einem Tag kriegte ich Schmerzen, immer stärkere Schmerzen und wußte nicht, ob das richtig war oder ob da was kaputt war und es deshalb so weh tat. Als die Schmerzen anfingen, ging ich erst mal nach Hause und legte mich ins Bett. Es war abends Gott sei Dank. Ich hatte Angst, daß mich meine Eltern hören würden, die im Nebenzimmer schliefen. Ich stopfte mir alles mögliche in den Mund, damit ich nicht stöhnen mußte. Ich dachte, daß ich jetzt sterbe. Und dann plötzlich merkte ich, daß da was aus mir rauskam. Ich bin ganz schnell aufs Klo gegangen, und da hatte ich also diesen Embryo. Ich war sehr erschrocken, nicht darüber, daß es ein Mensch war, aber daß es so groß war. Da war nicht nur Blut und Glibber, sondern es war vielleicht zehn Zentimeter groß. Vielleicht hat es sich auch in meiner Erinnerung vergrößert. Es war jedenfalls ein deutlich erkennbares Baby, ein Embryo. Man konnte nicht denken, es sei eine Blutlache. Dann habe ich die Spülung gezogen. Angst hatte ich auch davor, daß das Klo verstopft, daß alles rauskommt. Na ja, dann hab ich alles aufgeräumt, das ganze blutige Bettzeug versteckt. Ich bin ins Bett gegangen und habe morgens erzählt, ich hätte ganz doll meine Regel gekriegt. Es blutete ja noch immer ziemlich.

Dann mußte ich noch das Geld beschaffen. Ich hatte es nur für eine Woche leihen können. Irgendwie war das Ganze dann vorbei. Bis ich das Geld hatte, bis ich merkte, daß ich meine Regel wieder hatte, also das Gefühl hatte, ich hab das überlebt. Es ist nicht rausgekommen. Ich wurde nicht erpreßt oder verfolgt. Ungefähr zu dieser Zeit habe ich dann auch Abitur gemacht. Und ich dachte, so was passiert nie, nie wieder. Nachdem ich das überlebt hatte, dachte ich, kann mir eigentlich nichts mehr passieren. Das war das Schlimmste, was mir im Leben passieren würde. Dann sind drei Jahre ins Land gegangen, und dann ist mir noch was Schlimmeres passiert.

Es war 1945, und ich sollte verhaftet werden und bin deshalb aus München geflohen. Ich konnte nicht zu meinem Freund, zu dem ich gerne gefahren wäre, denn der wohnte in Heidelberg, und da waren schon die Amis. Da war die Kriegslinie, und ich konnte nicht dahin. Ich bin dann zu einem anderen Menschen gefahren. Der wohnte mit Eltern und Familie am Bodensee, und dort bin ich untergekommen. Die Gegend wurde dann von den Franzosen erobert, und ich bin von drei Marokkanern vergewaltigt worden, am zweiten Tag des Einmarsches. Und davon bin ich schwanger geworden. Das war für mich noch schrecklicher. Die Vergewaltigung war schon furchtbar, es war auf offener Straße, am Dorfausgang, wo es auch viele Zuschauer gab. Es hat mich wahnsinnig gekränkt, daß mir kein Mensch zu Hilfe gekommen ist. Ich habe es angezeigt bei der französischen Kommandantur; die haben mich nur ausgelacht. Wenn ich ihnen die drei Leute bringen würde, dann würden sie die auch bestrafen. Ich fragte, wie ich denn das tun sollte. Ich hatte die gar nicht richtig gesehen. Die hatten mich mit der Pistole bedroht, und ich habe dann gleich nachgegeben. Gegen drei Soldaten mit einer Pistole, da wehrst du dich nicht lange.

Ich wußte auch, daß man ins Krankenhaus gehen muß. Da haben sie mich dann desinfiziert, und ich weiß nicht, was sie noch gemacht haben. Sie sagten, ich könnte nicht schwanger werden. Aber dann war ich doch schwanger. Das war schrecklich. Das war so etwas wie ein Einbruch in meinen eigenen Körper. Es blieb also nicht nur der Schrecken der Viertelstunde Gewalt. Ich fand die Schwangerschaft noch schlimmer. Das war eine andauernde Besitzergreifung der Fremden, daß sie mir ein schwarzes ekliges Kind anhängen konnten. Ja, ich habe auch an das Kind gedacht, und zwar mit Ekel, Abscheu und Widerwillen. Das schmeiß ich weg, das bring ich um. Das will ich nie sehen. Ich erfuhr, daß Abtreibungen offiziell gemacht wurden. Es waren in der Gegend ja viele Vergewaltigungen vorgekommen.

Ich ging wieder ins Krankenhaus. Die wußten ja, daß ich schon dagewesen war. Der Abbruch wurde offiziell genehmigt. An dem entsprechenden Tag ging ich hin, wurde abrasiert, wartete und wurde dann zum Chefarzt gerufen. Der sagte: »Ich habe erfahren, daß Sie ein jüdischer Mischling sind. Diese Abtreibungen machen wir nur, weil wir deutsche Frauen vor der Beschmutzung durch die fremde Rasse retten wollen. Sie fallen da ja nicht drunter. Wir machen es bei Ihnen nicht.« Ich wurde wieder nach Hause geschickt.

Es war die größte Rassendiskriminierung, die ich erlebt habe. Das Ganze war ja einen Monat, nachdem der Krieg vorbei war. Ich hatte es das erste Mal erzählt, daß ich ein »Mischling« war, und zwar meinem Freund und seiner Schwester erzählt. Und die müssen mich auch denunziert haben. Woher sollte der Chefarzt das sonst wissen? Ich hab dann eine wahnsinnige Szene in dieser Familie gemacht. Es mußte ja jemand von ihnen gewesen sein. Ich sagte, ich würde das Kind dann eben kriegen und würde überall erzählen, daß es von ihrem Sohn sei. Ich habe mich irrsinnig aufgeführt, und die Mutter fragte dann einen Arzt in ihrer Bekanntschaft.

Er holte mich mit einem Motorrad ab, sagte, daß er es machen werde, und nahm mich mit in die Praxis. Und dann hat er unterwegs angehalten und gesagt, daß wir uns einen Moment ausruhen sollten. Wir waren eine halbe Stunde von dem Ort entfernt. Und dann sagte er: »Na ja, dann könnten wir es uns doch gemütlich machen«, und fing an, mir an die Wäsche zu gehen. Ich dachte, ich müsse es tun, sonst bekäme ich die Abtreibung nicht. Und dann dachte ich, nein, das mache ich nicht, es ist mir egal. Dann nehme ich mir eben das Leben. Ich kann mich selber nicht noch mal entwürdigen. Ich war so abgewetzt. Und ich sagte: »Ich denke nicht daran.« Dann meinte er, er habe mich nur auf die Probe stellen wollen, ob ich wirklich ein anständiges Mädchen sei. Sehr schön. Er klopfte mir auf die Schulter und sagte: »Es war auch nur ein Scherz.« Ich hab es ihm wahnsinnig übelgenommen, daß er mich testen wollte, ob es nun eine Vergewaltigung war oder ob ich freiwillig mit den Marokkanern geschlafen hatte. Ich hab das natürlich alles runtergeschluckt. Ich mußte ja, hatte ja keine Wahl.

Er machte dann den Abbruch. Seine Frau machte die Narkose. Hinterher gab sie mir noch einen Teller Bratkartoffeln. Ich durfte ausschlafen und fuhr dann mit dem Milchauto wieder zurück. Ich bekam eine Entzündung mit Fieber. Es war immer mit unerklärlichen Gräßlichkeiten verbunden, denn ich wußte nie, ob ich jetzt krank war und ob etwas zurückbleiben würde.

Erst dachte ich, hier aus diesem Ort muß ich weg, wo so schreckliche Sachen geschehen. Von den Menschen, die mich so mißhandeln, muß ich weg. Ich war abhängig, mußte immer nett sein. Ich hab in meinem ganzen Leben nur einmal an Selbstmord gedacht, das war, als die mich aus dem Krankenhaus wieder wegschickten. Ich bin in den Wald gegangen und habe überlegt, ob ich mich aufhängen sollte. Ich war einfach vollkommen am Ende. Da traf ich eine Frau, die Heidelbeeren pflückte, eine Flüchtlingsfrau, die aus ihrer Heimat vertrieben war. Sie kam gerade in dem Moment, als ich nach einem passenden Baum suchte. Wir haben lange Zeit auf einem Baumstamm gesessen und geredet. Sie erzählte mir so viele traurige Geschichten vom Tod ihres Kindes. Ich dachte dann, wenn sie weiterleben kann, dann guck ich auch noch ein bißchen. Sie war wie ein Engel oder eine Geistererscheinung. Die Frau war einfach freundlich und nett und freute sich auch, mich zu treffen. Zwei Menschen, denen es im Leben schlechtgeht, und sie erzählen sich ihre Geschichten.

Ich habe da das Gefühl verloren, ich sei der einzige Mensch, dem es so schlechtgeht. Trotzdem war ich ganz lange Zeit ganz zu. Ich wollte auch nicht darüber reden und wollte nicht wissen, was es bedeutet. Ich wollte es los sein.

Ich bin dann herumgeirrt, wie viele Menschen damals. Dann fand ich einen Job bei den Amis als Dolmetscherin. Ich konnte das eigentlich gar nicht. Aber es war Broterwerb und etwas, wo ich unterkommen konnte. Ich fing eine Liebschaft mit einem Ami an. Ich habe ihn in sehr liebevoller Erinnerung. Ich wußte genau, daß das nur eine Amiliebschaft war. Das war nichts, was man vorzeigen konnte. Man sollte keine Amiliebschaften haben. Aber ich brauchte etwas zum Kuscheln. Ich war so vollkommen verbiestert nach all diesen Erfahrungen. Ich hatte mich immer so auf das Kriegsende gefreut, hatte so viele Hoffnungen darauf gesetzt.

Ich war jetzt ganz gut behütet und hab mich mit dem bißchen Wärme zufriedengegeben. Aber ich wurde wieder schwanger. Jetzt kannte ich mich schon aus. Daß man einen Schwangerschaftsabbruch bekam, das hatte sich ja eingespielt. Es war schwierig, aber schließlich ging es. Das war ein halbes Jahr nach der anderen Geschichte. Der Ami war schon wieder in Amerika. Der hat das nie erfahren.

Es spielte sich alles auf dem Schwarzen Markt ab. Es gab nichts Legales. Mit ganz vielen Leuten mußte ich turteln und nett sein, bis ich dann endlich eine Adresse von einem Arzt kriegte. Ich wußte nun ja schon, was passiert. Ich bekam keine Schmerzen, sondern Fieber, ging ins Krankenhaus und behauptete, es sei eine Fehlgeburt, die von selbst gekommen sei. Ich traf ganz viele, denen es auch so ging. Es war nicht mehr so gräßlich, es war nicht mehr so was Ausgefallenes. Ich war nicht mehr der einzige Mensch, dem so was passierte. Trotzdem war es scheußlich. Der Arzt behandelte mich wie den letzten Dreck. Da ist ja die kleine Schlampe, so hieß es, wenn man kam. Er sagte: »Stellen Sie sich nicht so an, sonst halten Sie Ihre Möse ja auch hin.« Es war voll von Beleidigungen und Kränkungen. Ich hab mich ziemlich dagegen abgeschlossen. Das Kind muß weg, der Rest ist egal. Da muß man durch.

Ich bin dann nach Nürnberg gegangen. Da ging es mir besser, denn ich hatte einen Job, der mir gefiel, sehr verantwortungsvoll und wichtig. Ich lernte einen Franzosen kennen, den ich ganz toll fand. Da hatte ich endlich wieder eine schöne Liebschaft, die mir guttat. Mit ihm habe ich auch über das »Vorsehen«, also Koitus interruptus gesprochen. Er hat es mir erklärt. Er hat mir auch sonst noch viel beigebracht. Anscheinend hat er sich da doch nicht so vorgesehen, wie er es mir erklärt hat. Ich war wieder schwanger.

Aber da hatte ich jemanden, der mich getröstet hat, der mir Geld gegeben hat. Das war was ganz anderes. Der hat auch rumgefragt nach Abtreibungsadressen. Ich hab dann selber eine gefunden. Er hat mir Apfelsinen gebracht, und das Geld war auch kein Problem. Ich fühlte mich nicht mehr so furchtbar verlassen. Der Arzt machte es dann ohne Narkose. Es tat wahnsinnig weh. Ich dachte, das ist die Strafe. Ich durfte keinen Ton von mir geben. Seine Frau hielt mir den Mund zu. Bezahlt wurde er mit Kaffee oder mit Zigaretten. Das war damals die Währung. Weil mein Freund ja Franzose, also Alliierter war, hatte er Zugang zum Schwarzmarkt. Ein Jahr später ging er dann wieder zurück nach Frankreich, und ich ging nach Berlin.

Ich habe in zwei Jahren drei Abtreibungen gehabt. Das war schon eine Menge.

Ich lernte dann meinen späteren Mann kennen. Ich wurde von ihm schwanger. Wir waren uns einig, daß wir keine Kinder wollten. Aber da wurde das erste Mal überhaupt darüber geredet, ob man das Kind kriegen könnte. Sonst hatte ich es nie in Betracht gezogen. Nein, wir wollten keine Kinder. Es war 1947, in der schlimmsten Hungerzeit. Es war ein Leben voll von Bedrohtheit und Ungewißheit. Mein Mann war mehr erschrocken als ich über diese Schwangerschaft. Ich war die erste Frau für ihn. Der wußte gar nicht, wie das alles geht. Ich konnte sagen: »Komm, das kriegen wir alles hin. Diese Dinge, ich bitte dich.«

Ich hatte mich vollkommen damit eingerichtet, daß ich keine Kinder kriegte. Ich versteh bis heute nicht, wieso jemand damals im Krieg und in der Nachkriegszeit Kinder kriegte. Natürlich gab es schwangere Frauen in meinem Alter. Ich dachte immer, die sind ja wahnsinnig, wie kann man das machen. Mit dem Kind in den Bombenkeller und nichts zu essen. Man wußte gar nicht, wie man selber überlebt, und man konnte ja gerade eben die Verantwortung für sich selbst übernehmen.

Obwohl es natürlich auch im Krieg viele Frauen gab, die gerne schwanger wurden. Hausfrau und Mutter zu sein war nicht für alle abschreckend. Die Kinderzahl ist ja nicht gesunken im Krieg. Und das hat viel damit zu tun, daß man geheiratet wurde, wenn man schwanger war, daß man zu Hause sein konnte, sein Kind schaukeln konnte und nicht in die schreckliche Fabrik mußte. Das war sicher für viele Frauen eine bessere Alternative.

Mir persönlich hat sich die Frage erst gestellt, als wir verheiratet waren. Die Vorstellung der freiwillig alleinerziehenden Mutter gab es damals nicht. Jeder sah es als Unglück an, ohne Heirat ein Kind zu kriegen. Als wir verheiratet waren, wurden wir immer gefragt, warum wir keine Kinder hätten, und ich hab dann immer gesagt, daß ich ein anderes Leben führen wolle. Als ich nach vielen Jahren wieder schwanger wurde, fiel das ganze Gebäude innerhalb von zwei Stunden zusammen. Ich ging zum Arzt, weil ich den Verdacht hatte, schwanger zu sein, und sagte zu meinem Mann: »Na ja, jetzt ist es ja nicht mehr so schwer mit der Abtreibung.« Irgend so was. Und dann kam ich nach Hause und sagte: »Wir kriegen ein Kind.« Er hat mir das wahnsinnig übelgenommen. Daß ich es alleine entschied, ohne es mit ihm abzuwägen.

Für mich war es so was wie eine neue Chance. Ich war inzwischen Mitte Dreißig. Da merkte ich zum ersten Mal, daß ich ein anderer Mensch war. Daß es etwas Jugendliches oder Jungmädchenhaftes war, daß ich keine Kinder wollte. Ich hatte es mir bis dahin nicht vorstellen können, Beruf und Fortkommen damit zu vereinen. Wenn ich ein Kind kriege, hatte ich gedacht, muß ich zu Hause bleiben und Hausfrau sein. Und diese Rolle, Hausfrau und Mutter zu sein, die wollte ich nicht haben. Und jetzt war mir plötzlich klar, daß ich Beruf und Kind wollte.

Nachdem ich meine beiden Kinder hatte, wurde ich noch mal schwanger. Das war eine Bauchhöhlenschwangerschaft.

Ich bin operiert worden. Ich hatte nicht viel Gelegenheit, mich mit diesem Kind anzufreunden. Ich hätte es vielleicht auch noch gekriegt. Es war dann klar, daß beide Eileiter zu waren. Das habe ich zunächst auch als angenehm empfunden, sonst hätte ich wahrscheinlich zwanzig Abbrüche gehabt. Offensichtlich war ich doch sehr fruchtbar.

Zu der Zeit wußte ich aber, wie Abtreibungen zu bekommen waren. Aus meiner Sicht war das völlig problemlos. In dieser illegalen Zeit kannte ich mehrere Ärzte, die Abtreibungen machten. Da hätte man sicher eine saubere, nette Abtreibung gekriegt.

Das war eben ganz anders als zu der Zeit, in der ich meine Abtreibungen hatte. Die waren alle innerhalb von sechs Jahren. Mit vierundzwanzig Jahren hatte ich den letzten Abbruch. Ich weiß noch, wie ich mich im Krieg mit dem Gedanken beschäftigte, wem vertrau ich mich an. Also, wer führt denn ein lockeres Leben. Die meisten Leute sind ja ganz bieder und brav. Denen passiert es nicht, und mit denen kann man über so was auch nicht reden. Und dann gibt es irgendwie leichtfertige Mädchen so wie mich. Rasant habe ich das damals genannt. Das war auch mein Ideal, ein rasantes Leben zu führen. Weltmännisch und erfahren und unerschrocken. Da hängt auch ein bißchen mit der Politik zusammen. Nazis konnte man nicht fragen, also mußte es schon irgendwie antinazistisch sein. Und da gab es eine Clique, die ein bißchen widerständlerisch, ein bißchen Boheme war. Da mußte man rumfragen. Aber ich habe damals nicht von mir gesprochen, weil mir das peinlich war. Ich tat so, als frage ich für eine Freundin. Mir war peinlich zu sagen, wo ich diese Schwangerschaften herhatte. Es hätte was mit großer Liebe zu tun haben müssen, dann wäre es besser gewesen.

Ich glaube, alle Frauen, die ich kannte, die überhaupt Abbrüche hatten, hatten auch mehrere. Da waren immerzu welche schwanger. Ich habe die Adressen von dem Arzt, z. B. in Marburg, mindestens an drei Frauen weitergegeben. Aber über mich, über meine Gefühle habe ich nicht gesprochen. Über den organisatorischen Aspekt mußte man sprechen. Es ging nie darum, wie es mir oder den anderen Frauen damit erging, sondern darum, wie man es hinkriegte.

Ich kannte auch eine Frau, die an einer Abtreibung gestorben war. Ich hatte sie aber Gott sei Dank nicht vermittelt. Es hieß, sie sei zu spät ins Krankenhaus gekommen und dann gestorben. Ich war sehr erschrocken. Mir war aber bekannt, daß man daran sterben, unfruchtbar werden oder sich chronische Leiden zuziehen kann.

Ich hatte damals nicht die Vorstellung, daß man verhüten kann. Das ist ein großer Unterschied zu heute. Man konnte das Risiko verringern, aber nicht verhindern, daß man schwanger wurde. Es gab nur die sichere Möglichkeit, keinen Sex zu haben. Diese Möglichkeit habe ich für mich nicht ins Auge gefaßt. Es hieß, Präser platzen auch immer. Deshalb brauchte ich mir auch kein schlechtes Gewissen zu machen, daß ich nicht gut verhüte. Ich habe immer angenommen, man kann gar nicht gut verhüten. Mir stellte sich eher die Frage, ob ich sexuell leichtfertig bin. Das war ich ja auch, wenn es so einen Begriff gibt.

Ich dachte schon, daß es Frauen gibt, die das besser im Griff haben als ich. Die können entweder ihren eigenen Wünschen besser widerstehen oder können ihre Beziehungen in irgendwelche Bahnen lenken, wo sie nicht schwanger werden. Ich bin da nicht so gut, bei mir geht das nicht. Aber ich dachte auch, ich mache es richtig. Das hängt alles zusammen. Ich lehne mich auch gegen die Regierung auf. Ich bin keine Patriotin, und ich höre auch Feindsender. Ich liebe Jazz und schlafe mit Männern, die mir gefallen. Ich bin eben ein freier Geist, und die anderen Leute sind spießig und Nazis. Und ich habe es auch mit auf meine »Abstammung« geschoben. Juden sind irgendwie freier und moderner. Solche Vorstellungen hatte ich damals, obwohl ich kaum Juden kannte. Ich dachte, es ist auch mein jüdisches Erbe. Ich war immer stolz darauf.

Ich nahm an, daß nur Leuten, die so ähnlich wie ich lebten, auch solche Dinge passierten. Ich nahm an, daß man seine Kontakte im Hinblick auf Abtreibung auch nur in solchen Gruppen findet. Und einer der Indikatoren, an denen man sie mißt, war z. B. Jazz-Kenntnis. Also jemand, der mehr als drei Louis-Armstrong-Stücke pfeifen kann, der ist sicher auch der Richtige, ihn nach einer Abtreibungsadresse zu fragen. Oder die Lektüre. Jemand der Hemingway liest, kann kein Nazi sein.

Ich rede nicht gerne über diese Dinge. Auch meinem Mann

habe ich wenig darüber erzählt. Er hat sich auch nie sehr dafür interessiert. Der wußte schon, daß ich mehrere Abbrüche hatte und auch daß ich mal vergewaltigt worden war. Aber nachgefragt hat er nie, und ich habe es auch nie erzählt, wenn ich nicht gefragt wurde. Das geht mir bis heute so.

Die Vorstellung jüngerer Frauen, daß meine Generation so moralisch und anständig gewesen sei, die ist mir völlig fremd. Wenn ich so etwas höre, bin ich immer ganz sprachlos, denn daß der Krieg und die Besatzung zu ungeheuer vielen Wirren und flüchtigen Liebesverhältnissen führte, ist doch eigentlich klar. Dadurch, daß alle Menschen mehr oder weniger in Lebensgefahr waren und man nie wußte, ob man sich wiedersieht. Bei vielen Menschen mag das ja zur Zurückhaltung geführt haben, aber bei vielen auch zu der Haltung »lebe heute«. Und außerdem hatten viele Frauen, die ich kannte, jahrelang Liebschaften mit Besatzern.

Für mich sind die Abtreibungen ein wiederkehrendes Unglück in meinem Leben gewesen oder ein Fluch. Aber keine Schuld. Es hatte wenig mit Moral zu tun. Ich finde, daß die Schuld der Mitbürger an mir ungleich größer ist als meine. Ich denke vielmehr, daß mir übel mitgespielt worden ist, daß mir viel Schlimmes passiert ist. Es erfüllt mich viel mehr mit Wut und Trauer und Empörung als mit Scham.

In diesem Kapitel geht es um die Frage, warum Sexualverkehr schwanger macht. Das klingt zunächst paradox, dennoch ist eine der häufigsten Fragen, die Frauen, die ungewollt schwanger sind, uns stellen: »Wie konnte das passieren?«

Die befragten ÄrztInnen berichten ähnliches. Einige gehen davon aus, daß die Frauen selbst keine Erklärung haben.

»Vielleicht könnte man durch eine Aufarbeitung ihrer Lebensgeschichte besser verstehen, was das für einen Hintergrund hat. Die Frau würde mehr verstehen als nur, ›es passiert mir wieder‹. Vielleicht auch, daß sie nicht nur Opfer ihrer biologischen Verhältnisse ist, sondern daß es auch einen Sinn, eine Bedeutung in ihrem Leben haben kann.«

Ist es wirklich so, daß die Frauen sich als Opfer ihrer biologischen Verhältnisse sehen? Haben sie keine Vermutungen, Erklärungen für ihre ungewollten Schwangerschaften?

Wir stellten fest, daß alle Frauen, unabhängig vom Verhütungsverhalten, sich nicht nur Gedanken darüber gemacht haben, sondern auch Erklärungen fanden. Einige sind eindeutig und festumrissen, anderen sind Zusammenhänge aufgefallen, denen sie aber nicht so recht trauen.

Frauen, die jedesmal trotz praktiziertem Empfängnisschutz schwanger wurden, berichteten, daß es immer besondere Situationen waren, in denen die Schwangerschaften zustande kamen. Frauen, die mal mit und mal ohne Verhütung schwanger wurden, haben keine durchgängige Interpretation dafür, warum es gerade ihnen häufiger passierte. Sie suchen nach einer Erklärung, die in die persönliche Lebensgeschichte paßt. Das ist nur zu verständlich, wenn man davon ausgeht, daß es für viele Menschen von grundlegender Wichtigkeit ist, in ihrem Leben innere Zusammenhänge zu sehen und den Sinn bestimmter Ereignisse herauszufinden.

Wenn es allgemein üblich ist, an die Unfehlbarkeit von Verhütungsmitteln zu glauben, und wenn Abtreibung gesellschaftlich nur sehr eingeschränkt akzeptiert wird, gibt es offensichtlich eine Notwendigkeit, mehrere unerwünschte

Schwangerschaften sinnhaft zu interpretieren. Das verschafft Erleichterung und Legitimation. Besonders entlastend sind dabei Erklärungsmuster, die von der eigenen sozialen Umgebung anerkannt werden.

Neben den rationalen Erklärungen über das Versagen der Verhütungsmethoden gibt es Deutungen, die man »spirituell« oder »magisch« nennen könnte. Schwanger wird man eben nicht nur vom Geschlechtsverkehr allein.

»Ich war dreimal schwanger, und jedesmal steckte ich in einer Prüfung. Schwangerschaft ist eine Fluchtmöglichkeit, eine Grippe würde nicht reichen.«

»Es paßt zu mir. Ich bin so daddelig in manchen Sachen.«

»Es ist der Wunsch nach einem anderen Leben, wo Kinder selbstverständlich dazugehören.«

»Es waren immer ungewöhnliche Situationen, ungewöhnliche Gefühle, eine ungewöhnliche Sexualität. Ich wurde nie so nebenbei schwanger, sondern immer in Umstellungssituationen, bei Bruchstellen im Leben.«

»Ich bin nie in irgendwelchen Affären schwanger geworden, auch wenn ich nicht verhütet habe. Immer nur, wenn es ans Herz ging.«

»Ich fühle mich weiblicher. Ich bin fraulicher geworden. Seitdem werde ich schwanger. Früher dachte ich, ich sei unfruchtbar.«

»Es ist immer nur im Urlaub passiert. Urlaub, Strand, Sonne, das ist ja auch das Tollste auf der Welt. Auch der Körper kann dann entspannen.«

»Je verliebter ich bin, desto leichter passiert es.«

»Oft ging die Beziehung nach dem Abbruch auseinander. Ich hab die Schwangerschaft gebraucht, um klarzusehen.«

»Ich bin ein sehr inkonsequenter Mensch. Da ist der Körper natürlich auch Schwankungen unterlegen.«

»Trotz fehlender Verhütung wurde ich nie schwanger, bis die mehr als nette Beziehung kam.«

»Immer wenn ich darüber nachdenke, komme ich an den Punkt, wo ich mich frage, warum wird man eigentlich schwanger? Ich denke, das hat auch was mit so einer seelischen Bereitschaft zu tun. Nichts mit Kinderwunsch. Schwanger werden und Kinderwunsch sind zwei verschiedene Paar Schuhe. Der Zustand, schwanger zu sein, ist was völlig anderes, als irgendwann ein Kind zu wollen.«

Einige Frauen beschrieben, daß ihr Körper in bestimmten Situationen eher mit Schwangerschaft reagiert als normalerweise. So brachten die Schwangerschaften oft die bis dahin ungebrochene Zuversicht durcheinander, daß ihr Zyklus, ihre Fruchtbarkeit schematisch funktioniere. Der Glaube an die Machbarkeit der »Familienplanung« wurde erschüttert. Einige Frauen waren äußerst irritiert, daß ihre Fruchtbarkeit sich gegenläufig zum statistisch normalen Verlauf verhielt.

»Mit vergleichbarer Verhütung und Sexualität wurde ich nie schwanger, bis ich dreißig Jahre alt wurde. Dann hatte ich vier Abbrüche in zwei Jahren.«

»Am 24. Zyklustag zum Beispiel. Mein Eisprung war schon gewesen. Einmal war es so, daß sich die Spermien fünf Tage gehalten haben. Ich bin mit der Temperaturkurve zum Arzt gegangen und habe gesagt, bitte erklären Sie mir das mal. Einfach sogenannte unmögliche Situationen.«

Wenn es als erstrebenswert, als Zeichen von Gesundheit gilt, daß der Körper plan- und regelmäßig funktioniert, ist es verunsichernd, solche »Ausrutscher« zu erleben. Beruhigend und entlastend ist es dann, wenn ÄrztInnen eine Diagnose stellen, die gesellschaftlich eher positiv besetzt ist, wie z. B. große Fruchtbarkeit.

»Der Arzt sagte zu mir, ich gehöre zu den Frauen, die so fruchtbar sind, daß trotz Verhütung so was mit mir passiert. Und er sagte, daß ich mir keine Sorgen machen muß. Das gibt es eben, leider.«

Aus den Hintergründen, die die Frauen für ihre unerwünschten Schwangerschaften nannten, läßt sich ableiten, welch großen Einfluß Veränderungen in der individuellen Lebensgeschichte auf Fruchtbarkeit und Empfängnisbereitschaft haben können. Oft wurde ein Zusammenhang zwischen der Entwicklung der jeweiligen Partnerschaft und einer Schwangerschaft hergestellt. Rückblickend interpretieren die Frauen einige der ungewollten Schwangerschaften als Beziehungstest, denn über die Schwangerschaft kam zwangsläufig das Thema »gemeinsames Kind – ja oder nein« auf den Tisch.

»Früher war Familie negativ besetzt für mich, eine bürgerliche Institution. Nachdem ich inzwischen so lange ein Kind allein aufgezogen habe, würde ich gerne mal jemanden haben, auf den ich mich verlassen kann. Ich würde gerne noch ein zweites Kind haben, und ich würde gerne einen Mann haben, mit dem ich zusammenlebe. Wenn ich jetzt einen Freund habe, sagt man ja nicht nach vier Wochen, wenn man frisch verliebt ist, komm, laß uns das jetzt diskutieren, das ist ja nicht angesagt. Dann passiert es eben, und dadurch kommt es aufs Tapet, und dann weiß ich recht früh, ob er sich dafür eignet oder nicht.«

»Ich denke, das hat immer was mit dem Mann zu tun, von dem man in einer bestimmten Situation schwanger wird. Ich habe das Gefühl, das ist eine Art Test: Wenn du mich nicht verstehst, bist du als Mann sowieso unten durch. Ich denke, die Schwangerschaft ist ein Test, ob es überhaupt mein Weg ist. Ob es meinem innersten Wunsch und Gefühl entspricht, mit dem ein Kind zu haben und zusammen zu sein. Ich möchte gerne wissen, ob er es wert ist, daß ich ihm ein Kind schenke. Das klingt wahrscheinlich völlig verrückt, aber für mich ist das so.«

Diese Überlegungen sind besonders beachtlich, weil beide Frauen trotz angewandter Verhütung schwanger wurden.

Solch ein Beziehungstest kann auch zu Enttäuschungen führen, wenn der Partner ganz unerwünschte Reaktionen zeigt.

»Das Ende war immer seine Reaktion. Die Traurigkeit war da, und es war immer auch ein Beleidigtsein da, wenn er sagte, er wolle es nicht. Ich war traurig, beleidigt, gekränkt. Ich hätte gerne gehört: O ja, toll, und ich hätte dann entschieden, ob ja oder nein. Das wäre schön gewesen.«

Die Enttäuschung ist natürlich dann besonders groß, wenn die Entscheidung des Partners gegen die Schwangerschaft gleichzeitig bedeutet, selbst abgelehnt zu werden.

»Wir kannten uns erst kurz, hatten aber schon übers Kinderkriegen geredet. Er ging mit meinem Sohn toll um, und er sagte, daß er gerne Kinder hätte. Und dann kam der Schock: Im Prinzip ja, aber nicht jetzt und nicht mit dir. Das ist natürlich eine unheimliche Ablehnung meiner Person. Ich habe mir dann ernsthaft überlegt, es allein zu bekommen, aber den Ausschlag hat gegeben, daß dieser Freund sich für mich völlig demaskiert hatte, und der war wirklich für mich gestorben, obwohl ich unheimlich in ihn verliebt war. Der wurde mit abgetrieben.«

Viel besser ging es den Frauen, die durch die Schwangerschaft und die Entscheidung zum Abbruch bestätigt fanden, daß ihr Partner der Richtige war.

»Zuerst, wenn man erfährt, daß man schwanger ist, dann ist auch so eine Neugierde da zu erfahren, was mein Partner sich einfallen läßt. Wie er sich das vorstellt. Vielleicht auch zu testen, ist das überhaupt der richtige Partner für mich. Entweder geht es dann den Bach runter, oder es schweißt noch mehr zusammen. Bei uns ist es so, daß wir beide sehr zufrieden sind.«

So klärt manche Schwangerschaft die Beziehung zum Partner – und sicher nicht nur die durch Abbruch beendete. Zuweilen erleichtern die Schwangerschaft und der Abbruch es den Frauen, sich vom Partner zu trennen. Einige Male hörten wir, daß die Trennung eigentlich schon vollzogen war, es aber noch einmal zum Geschlechtsverkehr kam und damit zur Schwangerschaft. »Wir hatten uns endlich voneinander gelöst, und ein Kind hätte wieder ein Band geschaffen, was ich nicht will.«

Häufig fanden die Frauen, daß es zu ihnen paßt, mehrere Abtreibungen hinter sich zu haben. Aber dieses »es paßt zu mir« wird unterschiedlich bewertet. Während die Schwangerschaft für einige die natürliche Reaktion eines gesunden Körpers ist und der Abbruch als Folge eines Liebeserlebnisses akzeptiert wird, ist es für andere ein wiederkehrend undurchschaubares und furchtbares Ereignis.

Der naheliegende Schluß, gleiche Erfahrungen im Leben bewirken ähnliche Konsequenzen und Verhaltensweisen, bestätigt sich nicht. Das Zusammenspiel von persönlichen Lebensumständen, geplantem Verhalten, körperlicher Reaktion und individueller Sinninterpretation ist höchst verschieden. Als Beispiel sollen zwei Frauen dienen, die in ihrer Kindheit und Jugend von ihrem Stiefvater viele Jahre sexuell mißbraucht wurden. Beide sehen eine Erklärung für ihren heutigen Umgang mit Sexualität, Verhütung und Schwangerschaft in diesen traumatischen Erlebnissen. Beide sehen ihre Schwierigkeiten in der Sexualität begründet in der Mißbrauchserfahrung.

»Ich hatte insgesamt sieben Abbrüche und eine Fehlgeburt. Für mich waren die Abbrüche nie unproblematisch. Ich war auch nie sorglos. Ich denke, daß es zu mir paßt, zu meiner Struktur oder zu meiner persönlichen Geschichte, daß ich mich immer wieder in solche Situationen reinmanövriert habe. Ich habe mich mit solchen Geschichten immer unheimlich gequält und habe mir immer diese Situationen gesucht, wo ich mir was Schlimmes antat. Ich war zwischenzeitlich schon so hysterisch, daß ich überhaupt nicht mehr mit jemandem schlafen konnte. Und wenn ich es mal getan habe, dann war ich sofort schwanger.

Mir war dann irgendwann klar, daß ich an meiner Sexualität arbeiten muß. Seitdem ich eine Therapie mache, geht es mir viel besser. Ich hab klargekriegt, daß diese Sache mit meinem Stiefvater von entscheidender Bedeutung war. Der hat eigentlich alles versaut. Diese Sache hat auch mein Männerbild geprägt und lange Zeit auch meine Sexualität mit Männern. Ich hatte das Gefühl, er hat mir die Wahlmöglichkeiten genommen. Er hatte mich in eine bestimmte Richtung gedrängt, und da konnte ich nicht mehr raus. Ich konnte nicht mehr sagen, ich will das nicht, denn da war ja schon alles passiert.«

»Ich bin jetzt fünfunddreißig Jahre. Einen Schwangerschaftsabbruch hatte ich nie. Ich habe Vermutungen darüber, warum andere Frauen häufig ungewollt schwanger werden. Das hat wohl damit zu tun, ob Frauen sehr viel Wert auf Verhütung legen, sich sehr absichern, daß auch ja nichts schiefgehen kann, so wie ich z. B. Das ist sicher ein wesentlicher Grund dafür, daß ich noch nicht schwanger geworden bin. Ich nehme das eben in Kauf, mich mit der Verhütung abzumühen, weil ich keinen Schwangerschaftsabbruch haben möchte. Ich hätte viel Angst vor dem Eingriff. Ich begeb mich nicht gerne auf diesen Stuhl, denn ich mag mich da nicht ausliefern. Ich geh auch nie zum Frauenarzt. Ich kann mir vorstellen, daß ich da noch mehr Probleme habe als andere Frauen, und schlage mich lieber mit der Verhütung herum. Das liegt sicher an dieser ganzen Geschichte mit meinem Stiefvater. Auch mit der Sexualität ist das bei mir ein besonderes Problem. Manchmal, wenn Frauen von ihrer Sexualität erzählen, werde ich richtig ein bißchen traurig und denke, bei mir geht das alles nicht so. Ich wünsch mir manchmal selber, ein bißchen lockerer sein zu können, vielleicht auch in der Verhütungsfrage.«

Beide Erklärungen sind sehr gut nachzuvollziehen. Sie unterstreichen, wie entscheidend individuelle Sichtweise und Deutung des eigenen Lebensweges sind.

Offen blieb bisher, warum ÄrztInnen öfter den Eindruck haben, die Frauen ständen der Frage, warum ausgerechnet sie mehrere Abbrüche haben, ratlos gegenüber. Eine mögliche Erklärung bietet die Erfahrung, daß im Kontakt zwischen Ärztin / Arzt und Patientin es auch sonst nicht angebracht ist, der ärztlichen Diagnose vorzugreifen. Nur den ÄrztInnen wird die Kompetenz zugeschrieben, die Ursachen von Krankheit und Leiden richtig zu erkennen. Diese Definition im ÄrztInnen-PatientInnen-Verhältnis wird sicher nicht gerade dann in Frage gestellt, wenn die Patientin besonders abhängig ist. Frauen, die einen Abbruch wünschen, sind auf Wohlwollen angewiesen, brauchen sie doch eine Indikation, d. h. die ärztliche Einwilligung zum Abbruch, und jemanden, der den Eingriff durchführt. Ist es schon in der üblichen Beziehung zwischen beiden nicht leicht, eigene Interpretationen zu äußern, so fällt es in dieser abhängigen Situation besonders schwer. Sicher wäre es für viele Frauen hilfreich, sich über ihre Deutung auszusprechen und darin akzeptiert zu werden.

»Ich hätte gern einen ganzen
Haufen Kinder gehabt«

Goldschmiedin, einunddreißig Jahre, ein Kind, neun Abbrüche

Den ersten Abbruch hatte ich mit siebzehn. Es war zwar nicht mehr in der illegalen Zeit, sondern so in der Übergangsphase. Aber es war auf jeden Fall ganz schwierig, jemanden zu finden. Ich hab dafür auch viel Geld bezahlt. In Hamburg bei einem ganz alten Arzt, der eine Ausschabung machte. Das war ganz furchtbar. Er war kein Gynäkologe. Der hat das abends nach der Sprechstunde gemacht. Ich kann mich nur noch ganz dunkel daran erinnern. Nach dem Eingriff hat er mich sofort nach Hause geschickt. Ich sollte niemandem was erzählen. Er hat also eine Ausschabung gemacht, und das hat wahnsinnig weh getan.

Danach bin ich zweimal nach Holland gefahren. Es war schon so, daß man da nicht völlig diskriminiert wurde, aber es war doch eine Art Fließbandarbeit. Ich war keine Person, ich war halt der soundsovielte Eingriff an dem Tag. Das ganze Drumherum um diese Eingriffe, also erst mal dahinzufahren, das war für mich damals ganz beschwerlich und hat das Nachdenken über den Eingriff und über die Gefühle, die damit zusammenhängen, ganz überdeckt. Heute denke ich oft darüber nach und frage mich, wie es mir damals ging.

Nach den Abbrüchen in Holland habe ich die nächsten bei Hamburger Gynäkologen und dann im Familienplanungszentrum machen lassen.

Als ich dreiundzwanzig Jahre alt war, war auf einmal so ein Punkt erreicht, daß ich dachte, ich möchte unheimlich gerne ein Kind, und warum sollte es nicht gehen, warum sollte ich das nicht schaffen. Ausschlaggebend für meine Entscheidung war letztlich, daß der Vater des Kindes sagte, ich will dich unterstützen, und wir schaffen das, und du kriegst das. Ich war damals mitten in der Ausbildung und hatte große Lust, weiterzuarbeiten. Ich wollte das Kind gerne kriegen und hatte doch Angst, daß es mich von meiner Arbeit, von meinem Weg abbringt. Letztlich habe ich ihm vertraut. Hätte er nicht gesagt, wir machen das zusammen, hätte ich mich wohl anders entschieden.

Im Grunde war mir dann aber schon im vierten oder fünften Monat der Schwangerschaft klar, daß es nicht gutgeht mit ihm. Er kriegte plötzlich so einen Rappel: Ich weiß nicht, ich glaube, ich kann das doch nicht. Er ist dann eine Zeitlang weggefahren. In der Zeit wurde mir klar, daß ich mich doch nicht auf ihn verlassen konnte. Ich kannte ihn nicht sehr gut vorher, und für einen Mann ist das ja eine ganz neue Situation, und ich hab einfach gesehen, daß ihm das auch angst machte. – Na ja, wir waren dann noch drei Jahre zusammen, aber es war ein furchtbarer Kampf.

Wie gesagt, in der Zeit, in der ich schwanger wurde, hab ich gerade gelernt. Ich hab bei einem Goldschmied gearbeitet. Es war das erste Mal für mich, daß ich das Gefühl hatte, ich hab ein Stück von mir zu fassen bekommen. Ich war unheimlich glücklich. Deshalb hatte ich solche Angst, daß ein Kind mich wieder davon wegbringen könnte. Ich hatte mir auch vorgestellt, ins Ausland zu gehen, nach Italien und dort zu arbeiten. Das ging dann alles überhaupt nicht mehr.

Jetzt leb ich also vier Jahre mit meinem Kind allein. Es war ein richtiger Kampf, mich letztendlich von dem Vater des Kindes zu lösen. Ich merkte, daß ich mich damit von vielen Vorstellungen lösen mußte. Ich hatte mir immer vorgestellt, ein Kind mit einem Mann zusammen zu haben. So heile Welt eben. Das brach dann alles zusammen.

Ich würde sehr gerne noch weitere Kinder haben. Und ich würde mir wünschen, als Familie zusammenzuleben. Mittlerweile glaube ich, daß es für ein Kind sehr wichtig ist, einen Bezug zu einem Mann zu haben. Und eigentlich finde ich es nicht gut, wenn das Kind nur mit der Mutter aufwächst. Klar, mein Kind hat eine Beziehung zu anderen Männern, trotzdem, ein Vater würde sich anders zu dem Kind verhalten.

Noch besser fände ich es, einen ganzen Haufen Kinder zu haben. Denn irgendwie finde ich es pervers, dieses Einzelkindersyndrom. Überall sitzen in kleinen Wohnungen

Frauen mit einem Kind. Irgendwie ist es für die Frauen ganz schwierig, eine Beziehung mit einem Mann, möglichst noch mit dem Vater des Kindes, zu leben. Am Ende ist es meist so, daß die Frauen alleine mit den Kindern leben. Und das ist etwas, das ich überhaupt nicht will.

Ich finde es für Kinder auch wichtig, Geschwister zu haben. Ich würde es toll finden, sechs Kinder zu haben. Die erziehen sich ja auch gegenseitig. Das finde ich einfach gesünder und normaler.

Ich glaube nicht, daß ich das hinkriege, viele Kinder zu haben. Ich spür einfach, daß ich es nicht schaffe hier in der Stadt, also hier in Deutschland. Jedesmal, wenn ich wieder schwanger war, kriegte ich unheimliche Angst bei der Vorstellung, alleinerziehende Mutter mit mehreren Kindern zu sein. Es kostet sehr viel Energie und geht für mich einfach nicht. Es ist zu schwer. Ich bin keine Frau, die ausschließlich im Mutterdasein aufgeht.

Das ist auch das Schlimme an den Schwangerschaftsabbrüchen, daß ich die Kinder nicht haben kann, denn der Wunsch ist immer da, sie zu kriegen. Ich kann es aber nicht. Das ist halt ein Konflikt, und das ist unheimlich schmerzhaft. Diese seelische Belastung ist das Schlimme an den Abbrüchen. Es ist nicht der körperliche Eingriff.

Ich hab nach jedem Abbruch gedacht, das war jetzt das letzte Mal. Ich will das nicht mehr. Ich hab einfach gespürt, wie weh das tut, wie ich mich damit verletze, wie mich das belastet. Wie unglücklich ich mich fühle.

Wenn ich mir vornehme, daß mir das nie wieder passiert, dann ist das eine verstandesmäßige Entscheidung. Aber in der Situation, in der ich schwanger werde, ist mein Verstand ich weiß nicht wo. Es reicht nie aus, mich zu einem anderen Verhalten zu bringen. Das einzige, was mich manchmal beeinflußt, ist einfach Angst. Angst davor, wieder in so eine schwierige Situation zu kommen, wieder schwanger zu sein. Es ist weniger mein Verstand, der mir sagt: Jetzt überleg doch mal. Wenn ich das Gefühl von Liebe habe, spielt mein Verstand keine Rolle.

Manchmal habe ich so Traumvorstellungen davon, daß ich mich nicht frage, kann ich das Kind jetzt haben, kann ich es ernähren, schaff ich das mit meinem Beruf, sondern daß das

Kind einfach kommt, eine ganz natürliche Sache, ein Kind der Liebe. Das ist jetzt entstanden. Das krieg ich jetzt.

Ich denke oft an Indianer und an sogenannte Primitivvölker, wie die Frauen da leben, wie sie miteinander leben, wie sie mit den Männern leben, wie sie ihre Kinder kriegen, und ich beneide sie unheimlich. Ich habe das Gefühl, da gibt es noch was Intaktes. Ich hab auch das Gefühl, da möchte ich hin.

Mittlerweile frag ich mich auch, wieso werde ich eigentlich immer wieder schwanger. Ich habe das Gefühl, es ist der Wunsch nach einem anderen Leben. Daß ich irgend etwas suche. Ich glaube auf jeden Fall, daß was anderes dahintersteckt als einfach nur Zufall.

Einige Male, als ich schwanger wurde, war ich mit den Männern ganz intensiv zusammen. Unheimlich schön und toll war das, ganz intensiv, ganz viel Nähe, das Gefühl von ganz viel Liebe und Vertrauen. Daher weiß ich auch genau, wann ich schwanger wurde. Es waren eben ganz besondere Situationen. Die letzten beiden Male hab ich gedacht, es erstaunt mich überhaupt nicht, daß da ein Kind entsteht. Es war auch zu ganz unregelmäßigen Zeiten. Nicht mitten im Zyklus. Am 24. Zyklustag zum Beispiel. Mein Eisprung war schon gewesen. Einmal war es so, daß sich die Spermien fünf Tage gehalten haben. Ich bin mit der Temperaturkurve zum Arzt gegangen und habe gesagt, bitte erklären Sie mir das mal.

Wenn man zusammen schläft, dann kannst du ja alles vergessen, dann kannst du ja einfach Liebe nehmen und Liebe geben und ganz offen sein und einfach vergessen, was im Alltag ist. Es ist einfach plötzlich da, dieses Gefühl, den anderen wirklich zu spüren, mit ihm zu sein. Ihn zu lieben, in dem Moment. Das kann ich nicht vorher absehen. In dem Moment, wo wir zusammen schlafen, ist alle Angst, auch die vor einer Schwangerschaft, vergessen. Angst vor dem anderen, Angst, sich einzulassen, Angst vor zuviel Nähe und all das ist weg. Es ist einfach Leben. Nicht mehr überlegen. Es fließt einfach.

Das hat für mich nichts damit zu tun, ob ich besonders fruchtbar bin. Ich bin offen in solchem Moment, *das* ist es. Ich glaube, daß jede Frau, die genauso offen ist, auch genausooft empfangen kann. Ich bin bereit, ich will das in dem Moment. Das, glaube ich, ist der Grund für die Schwangerschaft. Manchmal habe ich sogar das Gefühl, richtig stolz darauf zu sein. Es ist einfach unheimlich schön. Um so mehr schmerzt es mich, hinterher zu erkennen, daß es doch nicht geht. Ich habe das Gefühl, das eine ist mein Wunsch, das, wonach ich mich sehne, was ich leben möchte. Die Realität sah aber allermeist ganz anders aus. Das heißt, am nächsten Morgen war mir schon klar, daß ich mit *dem* Mann nicht besonders viel anfangen kann. Daß ich mit *dem* Mann z. B. keine sechs Kinder haben kann. Daß ich mich nicht auf ihn verlassen kann und im Grunde genommen kein Vertrauen zu ihm habe. Sexualität hieß für mich immer, Liebe zu bekommen, geliebt zu werden. Daß es für den anderen etwas anderes sein könnte, wollte ich nie sehen. Diese Liebe sichtbar zu machen, ist wohl auch ein Teil der immer wiederkehrenden Schwangerschaften. Mein Gefühl, das ist mein Wunsch, geliebt zu werden, Frau zu sein, Kinder zu bekommen. Mein Verstand sagt mir, daß ich das jetzt und hier nicht realisieren kann. Ich hatte immer das Gefühl, wenn der Mann das Kind nicht will, war es keine Liebe. Er liebt mich nicht, er achtet mich nicht in meiner Weiblichkeit, in meinem Wesen, und ich habe mich getäuscht. Und das tat so weh. Und dann noch das Wissen darum, daß ich es alleine nicht schaffe, die Kinder zu kriegen, ohne mich völlig zu ruinieren. Das heißt, ich muß einen wesentlichen Teil von mir als Frau abschneiden zugunsten der Männer und ihrer Lebensvorstellungen.

Ich weiß von anderen Frauen, die erzählten, daß sie jahrelang probierten und sich bemühen mußten, bis sie schwanger wurden. Und ich hab gedacht, *so* nicht. Daß sie sich vornehmen, an den und den bestimmten Tagen ins Bett zu gehen und dann ein Kind zu machen.

Und ich kenne andere Frauen, die ganz konsequent verhüten und dann doch schwanger werden. Wenn sie dann einen Abbruch haben, finden sie das so schrecklich, daß es sie dazu veranlaßt, *immer* zu verhüten. Irgendwie kann ich das nicht richtig verstehen. Ich hab oft das Gefühl, durch die Verhütung bin ich dem anderen nicht so nah. Ich fühl es einfach, wenn jemand ein Präservativ benutzt, dann ist was dazwischen. Zusammen schlafen ist ja praktisch der einzige Moment, wo man einem anderen einfach wahnsinnig nah sein kann.

Seitdem ich mein Kind habe, verhüte ich mit Diaphragma,

weil es meinen Körper am wenigsten beeinflußt. Nach jedem Abbruch hab ich gedacht, jetzt mußt du ganz konsequent sein. Aber eine Zeitlang später war es wieder das alte Lied.

Ganz am Anfang hab ich die Pille genommen. In einer Pillenpause bin ich dann schwanger geworden. Das war meine erste Schwangerschaft. Dann hab ich noch zwei Jahre länger die Pille genommen und hab plötzlich gemerkt, ich will das nicht mehr. Ich finde es nicht gut, ständig Hormone zu schlucken, meinen Körper zu beeinflussen. Dann bin ich wieder schwanger geworden und habe mir in Holland eine Spirale einsetzen lassen, gleich nach dem Schwangerschaftsabbruch. Die hat sich dann entzündet. Mit der Entzündung habe ich sehr lange im Krankenhaus gelegen, und danach wollte ich von der Spirale nichts mehr wissen. Nach dem letzten Abbruch habe ich wieder überlegt, vielleicht doch die Spirale noch einmal zu probieren. Ich möchte nicht immer mit dieser Angst leben. Jeden Monat habe ich Angst, wieder schwanger zu sein. Für mich gibt es nur die Möglichkeit, Spirale oder Diaphragma. Beim Diaphragma habe ich Angst, es nicht konsequent zu benutzen. Ich kenn mich ja nun.

Die Abbrüche waren bei mir komischerweise immer so ungefähr im Abstand von zwei Jahren. In den meisten Fällen war ich zweimal von demselben Mann schwanger. Ich bin meistens mit dem Mann, von dem ich schwanger geworden bin, so im Schnitt zwei bis drei Jahre zusammen gewesen. Ich bin dann einmal relativ am Anfang schwanger geworden und meistens einmal am Ende. Oft ist die Beziehung danach auseinandergegangen. Manchmal denke ich, ich hätte diese Schwangerschaft noch mal gebraucht, um klarzusehen.

Aber das verändert sich auch bei mir. Ich hab das Gefühl, ich sehe jetzt genauer hin und lege nicht mehr bedenkenlos jemandem mein Herz zu Füßen. Aber diese Veränderung geht unheimlich langsam. Es ist so schwierig, in bestimmten Situationen zu sagen, nein, ich will jetzt nicht mit dir schlafen. Genauso, wie es umgekehrt schwierig ist zu sagen, ich möchte jetzt unheimlich gerne mit dir schlafen. Ich brauch dich jetzt einfach.

Nach den Schwangerschaftsabbrüchen hab ich gemerkt, daß sich meine Sexualität und mein Gefühl dem Mann gegenüber geändert haben. Ich hatte das Gefühl, von dem bin ich verletzt worden. Manchmal auch nur durch Reaktionen, daß z. B. gar nicht auf mich eingegangen wurde oder so ein Satz kam wie: »Werd bloß nicht schwanger, bloß das nicht.«

Ich hatte auch oft das Gefühl, ich will niemanden so nah an mich rankommen lassen. Wenn ich an Sexualität gedacht habe, dann merkte ich, daß ich niemanden in meine Möse reinlassen wollte. Erst mal nicht. Ich bin zu, geht nicht. Ich brauch ganz viel Schutz.

Mittlerweile sehe ich auch viel in dem Verhalten der Männer. So bin ich auf den Vater meines Kindes wahnsinnig wütend. Immer noch und immer wieder. Daß er sich überhaupt nicht um sein Kind kümmert. Ich frage mich, wie kriegt er das mit sich klar, was er damals gesagt hat, wo ist seine Verantwortung?

Ganz oft spüre ich, wie Männer sich so einer Verantwortung entziehen: »Mach bloß keine Probleme, und wenn du schwanger bist, dann kannst du ja das und das, aber keine Probleme.« Keine Verbindlichkeit, keine Verantwortung. Das kotzt mich einfach an.

Ich habe immer das Gefühl, die Männer haben Angst vor Verantwortung, Angst, sich einzulassen. Ich habe noch nie einen Mann getroffen, der mein Gefühl teilt, daß Kinder einfach dazugehören, jemanden, der auch gerne mehrere Kinder hätte. Man sieht ja förmlich, wie ihnen die Haare zu Berge stehen, wenn ich anfange, über Kinder mit ihnen zu sprechen. Die haben Angst.

Mit den Männern, mit denen ich befreundet bin, rede ich nicht über die Abbrüche. Ich rede halt nur über die gerade bestehende Schwangerschaft. Ich sag ihnen zwar, daß ich mehrere Abbrüche hatte. Ich hab auch nicht das Gefühl, daß da ein Interesse besteht, sich darüber auseinanderzusetzen. Und ich bin es leid.

Bei meinen Freundinnen ist das anders. Sie sind interessiert, aber ich habe immer das Gefühl, ich muß mich schützen oder beweisen oder verteidigen. Am Anfang hab ich noch ganz viel drüber geredet. Ich hab halt gesagt, ich bin schwanger und wie es mir geht. Dann hab ich gemerkt, daß ich überhaupt keine Unterstützung bekomme, daß mich das Gerede darüber noch mehr verwirrt. Ja, selbst meine beste Freundin hat so reagiert: Wieso schon wieder? Wieso paßt du nicht besser auf? Ich bin vorsichtiger geworden. Von Haus aus bin ich ein Mensch, der erst mal sehr viel Vertrauen hat, weil ich immer denke, warum sollte mir jemand was Böses wollen. Das tut mir dann ganz weh, wenn ich offen bin und da kommt was zurück, das mich verletzt, und dann denk ich, was geht in ihr vor, warum sagt sie das eigentlich.

Inzwischen rechne ich schon mit Vorwürfen. Es zielt darauf ab, nicht normal zu sein, also nicht richtig zu funktionieren. Man kann sagen, ein Abbruch ist o. k., zwei Abbrüche auch o. k. Drei Abbrüche geht gerade noch. Aber *das* schlägt nun wirklich dem Faß den Boden aus. Es wird einem vermittelt, einfach nicht richtig zu sein.

Wenn dann Ratschläge kommen, wie: Warum schluckst du nicht die Pille, warum machst du nicht dieses oder jenes, dann hab ich immer das Gefühl, das geht völlig an mir vorbei. Das hat nichts damit zu tun, warum ich wirklich schwanger werde, und es hilft mir auch nicht.

Klar, daß ich mich halt unheimlich verschlossen habe. Ich muß einfach genauer sehen, wem ich Vertrauen schenke, wer wirklich bereit ist, sich mit mir darüber auseinanderzusetzen, und nicht irgendwelche Raster hat, wie man sein sollte, wieviel Abbrüche man haben darf.

Wenn du ein Magengeschwür hast oder dir die Kniescheibe andauernd auskugelt, *da* kannst du drüber reden. Da kannst du sagen: »Stell dir vor, mir ist das schon wieder passiert.« Die Frauen ernten Mitleid oder Verständnis. Aber wenn du sagst: »Oh, ich bin schon wieder schwanger«, dann kommen Vorwürfe. Mein Ziel ist ja, darüber zu reden, weil es mir schlecht geht, weil ich meinen Kummer mitteilen möchte. Aber man kriegt höchstens einen Stupser, der alles noch schlimmer macht.

Eine für mich sehr schöne Ausnahme waren einige Frauen, mit denen ich zusammen eine Therapie gemacht habe. Da hatte ich das erste Mal das Gefühl, daß ich nicht danach beurteilt werde.

Oft hatte ich auch das Gefühl, daß ich von Ärzten wegen der Abbrüche schlechter behandelt wurde. Aber ich weiß nicht, ob ich mir das einbilde, denn oft kam ich schon wie ein getretener Hund da rein, mit großer Angst davor, sagen zu müssen, ich hatte soundso viel Abbrüche. Ich hatte nicht das

Gefühl, angenommen zu werden. Schon deshalb war das Verhältnis schrecklich. Immer in Habachtstellung sein zu müssen. Ich hab oft gedacht, ich hab deswegen schlechte Karten, werde diskriminiert, schlecht angesehen, deshalb verstecke ich das auch.

Unbewußter Kinderwunsch –
bewußte Entscheidung

Steckt nicht mehr dahinter, wenn eine Frau immer wieder gegen ihren Willen schwanger wird? Muß das nicht mit ihrem Charakter oder mit übermächtigen Vorgängen zu tun haben? Uns interessierte, von den ÄrztInnen und Beraterinnen zu erfahren, wie sie es sich erklären, daß einige Frauen häufiger abtreiben und andere nie? Genau das wollten wir auch von den befragten »Laien« wissen, also den Menschen, die weder beruflich noch persönlich mit Schwangerschaftsabbrüchen konfrontiert waren.

Die »Laien« führten als Erklärung immer wieder an, die Frauen gingen nachlässiger, unkontrollierter mit Verhütung um. Die ÄrztInnen und Beraterinnen hatten darüber hinaus noch weitere Erklärungen:
– Die Frauen sind fruchtbarer.
– Der Hintergrund ist ein ungeklärter, unbewußter Kinderwunsch.
– Es hat häufig mit Partnerschaftsproblemen bzw. Trennungen zu tun.
– Die Frauen haben eine geringe Wertschätzung von sich, sind aggressiv und unachtsam gegen sich selbst.
Jeweils einmal wurde als Erklärung genannt: Zyklusunregelmäßigkeiten und Zufall. Häufiger Geschlechtsverkehr als Unterscheidungsmerkmal wurde einmal genannt, von vielen anderen aber ausdrücklich abgelehnt.

Während für die betroffenen Frauen oft Verliebtheit und Lust, also schöne Erlebnisse zu ungewollten Schwangerschaften führen, nannten ÄrztInnen und Beraterinnen solche positiven Erklärungen nie. Im Vordergrund stand für sie Verhütungsnachlässigkeit, größere Fruchtbarkeit sowie unbewußter oder latenter Kinderwunsch. Über die Verhütungslegende wurde schon ausführlich gesprochen, was aber hat es mit der größeren Fruchtbarkeit und dem Kinderwunsch auf sich?

Wir wissen nicht viel über die Unterschiede in der Fruchtbarkeit der Frauen. Soviel steht aber fest: Die einen werden leichter schwanger als die anderen. Eine amerikanische Studie aus dem Jahre 1985 [11], für die 3000 Frauen über drei Jahre untersucht und befragt wurden, gibt deutliche Hinweise auf eine besondere Fruchtbarkeit der Frauen, die mehrere Abbrüche hatten; auch hier wurde bestätigt, daß diese Frauen mehr sichere Verhütungsmittel anwenden und in deren Anwendung konsequenter sind als die ohne Abbrüche.

Auch bei einigen von uns befragten ÄrztInnen und Beraterinnen gilt größere Fruchtbarkeit als eine Erklärung für wiederholte Schwangerschaftsabbrüche.

»Unterschiede gibt es sicherlich hinsichtlich der Fruchtbarkeit. Es gibt Frauen, die über Jahre nicht schwanger werden, obwohl sie es sich sehr wünschen, und bei anderen braucht nur, wie man so schön sagt, die Hose am Bett zu hängen, und schon sind sie schwanger.«

Diese unterschiedliche Fruchtbarkeit wird aber ganz verschieden bewertet. Während sie für die einen eine biologische Gegebenheit ist, im Sinne von: es gibt Leute mit großen Nasen und Leute mit kleinen Nasen, ist sie für die anderen von tieferer Bedeutung.

»Es wird oft gesagt, es gebe Frauen, die seien besonders fruchtbar. Denen würde es immerzu passieren. Ich glaube aber, daß es nicht zufällig ist, wenn eine Frau besonders fruchtbar ist. Eine Frau, die wirklich kein Kind haben will, bei der kann ich mir nicht vorstellen, daß der Körper ständig mit Schwangerschaft reagiert.« Ähnlich formulierten es auch andere. »Da steckt mehr dahinter.« – »Wenn man kein Kind will, wird man nicht schwanger.«

In diesen Äußerungen verbirgt sich eine der häufigsten Vermutungen über das Entstehen ungewollter Schwangerschaften – das Wirken des »unbewußten Kinderwunsches«. Er tritt immer gemeinsam mit der Verhütungslegende auf und hat verschiedene Voraussetzungen:

1. eine Frau, die kein Kind will, kann sicher verhüten;
2. das Unbewußte setzt sich gegen den bewußten Willen der Frau durch, indem entweder die Verhütungsmittel in ihrer Wirksamkeit herabgesetzt werden oder die Frau in ihrem Verhalten so gesteuert wird, daß sie keine oder unwirksame Verhütung anwendet;

3. die unbewußten Wünsche sind die eigentlichen, der wirklichen Natur der Frau näheren Strebungen;
4. die Frau selbst kann die unbewußten Wünsche nicht erkennen; das ist die Sache von psychologischen Fachleuten.

ÄrztInnen und Beraterinnen, die wir nach den Ursachen ungewollter Schwangerschaften fragten, nannten oft einen unbewußten oder ungeklärten Kinderwunsch.

»In den ersten zwei Jahren, in denen ich Schwangerschaftsabbrüche gemacht habe, habe ich häufiger Patientinnen gesehen, die mehrfach kamen. Am Anfang habe ich eher mit Unverständnis reagiert. Später hat sich das dann nivelliert. Ich habe mich damit beschäftigt, mich informiert und gelesen, mit verschiedenen Leuten darüber gesprochen. Ich habe dann versucht, mit den Frauen darüber zu sprechen, daß da häufig ein latenter Kinderwunsch mitspielt, der sie immer wieder in die gleiche Situation bringt.«

»Man muß versuchen, ein Problembewußtsein zu schaffen. Man muß sie wirklich fragen, warum sie wieder schwanger geworden ist, und sie auch ansprechen auf die Möglichkeit des latenten Kinderwunsches. Daß daher das Unvermögen kommt, mit Verhütungsmitteln umgehen zu können.«

»Ich habe bei den Frauen den Eindruck, daß ihr Unterbewußtsein schwanger werden will. Sie können der Frau erklären, sie muß Verhütungsmittel benutzen. Sie weiß ganz genau, wenn sie keine benutzt, wird sie schwanger, aber sie tut es nicht. Sie wird schwanger, und das nicht nur einmal, sondern zwei- oder dreimal. Es ist ja ein natürlicher Zustand, einen Kinderwunsch zu haben, sonst wären ja keine Menschen mehr auf der Welt. Ich habe Sachen erlebt, die kann man sich gar nicht vorstellen. Eine Patientin, sie kommt zum Interruptus. Sie weiß, daß sie noch ungefähr eine dreiviertel Stunde warten muß. Was macht diese Frau, die sehr intelligent ist und in ihrem Beruf sehr erfolgreich: Sie geht zum Frühstück um die Ecke und ißt Schnitzel. Das mag sie normalerweise überhaupt nicht. Sie weiß ganz genau, daß sie nüchtern bleiben muß. Das weiß sie doch. Können Sie mir das erklären? Oder eine Kollegin, kommt zum Eingriff und hat kurz vorher gefrühstückt. Dabei ist sie selber Operateurin. Was ist denn das?«

An dieser Äußerung wird deutlich, wie der »unbewußte Kinderwunsch« als Erklärung für alles mögliche herhalten muß, was eigenartig oder unverständlich erscheint. Auf die naheliegende Idee, daß die Patientinnen z. B. Angst vor dem Eingriff hatten, kommt dieser Arzt gar nicht. Die vereinfachende Erklärung, wiederholt abtreibende Frauen hätten generell einen Kinderwunsch, den sie sich nicht eingestehen, wird den betroffenen Frauen nicht gerecht. Sie geht von einer natürlichen Mütterlichkeit aus und reduziert damit die komplexe Lebenswirklichkeit von Frauen auf ihre Fortpflanzungsfähigkeit. Es soll hier nicht bestritten werden, daß psychische Konflikte auch über Schwangerschaften und Abbrüche ausagiert werden können. Einige Aussagen der Frauen zeigten das ja ganz deutlich. Und sicher gibt es Wünsche, die dem Bewußtsein aus irgendwelchen Gründen nicht unmittelbar zugänglich sind. Doch der so oft angeführte unbewußte Kinderwunsch als Erklärung machte uns hellhörig. Aus dem Faktum, sich mehrmals für einen Schwangerschaftsabbruch entschieden zu haben, wird unversehens ein psychisches Symptom. Hilft es den HelferInnen, die Frauen zu akzeptieren, wenn sie ihnen ein psychisches Symptom zuschreiben können? Solange Schwangerschaftsabbruch als moralisch verwerflich angesehen wird, als traumatischer Eingriff in die Psyche der Frauen gilt und strafrechtlich geregelt ist, erscheint es vielleicht nötig, zwingende Gründe zur Rechtfertigung dafür zu finden, daß es überhaupt wiederholte Abbrüche gibt. Und was könnte zwingender sein als die Natur der Frau?

Nur zwei Befragte, eine Beraterin und eine Frau, die selbst keinen Abbruch hatte, wiesen die Vermutung zurück, daß hinter mehreren ungewollten Schwangerschaften ein verborgener Kinderwunsch stehen könnte.

»Für mich war das Lesen von psychoanalytischen Geschichten, warum Frauen ungewollt schwanger werden, immer verführerisch. Ich finde, das sind spannende Konstruktionen. Aber ehrlich, in meinem Herzen glaube ich, daß es purer Zufall ist... Ich kann mit solchen Erklärungen, daß ein unbewußter Kinderwunsch dahinter steckt, nichts anfangen. Es hat auch etwas Boshaftes. Es ist eine perfide Unterstellung, und ich denke, wenn überhaupt jemand etwas aufdecken kann, dann nur die Frau selber.«

»Daß Frauen schwanger werden, weil sie einen unbewußten Kinderwunsch haben, das glaub ich nicht. Man hört das ja auch von Abtreibungsgegnern. Die sagen ja auch, Frauen wollen eigentlich Kinder haben. Warum sollten Frauen sich einen Kinderwunsch nicht eingestehen? Es gibt doch in unserer heutigen Gesellschaft nicht so einen Kinderhaß, daß sie sich das nicht eingestehen können. Frauen, die Kinder kriegen, brauchen doch nicht irgendwas zurückzuhalten. Das ist doch an den Haaren herbeigezogen.«

Wenn davon ausgegangen wird, daß ein latenter Kinderwunsch ein Grund für Mehrfachabbrüche ist, stellt sich die Frage, was diese Frauen tun sollen.

Ein Frauenarzt:

»Eine Gesprächstherapie machen, damit sie sich darüber klar wird, warum sie nicht mit Verhütung umgehen kann und warum sie den Kinderwunsch hat, um in der nächsten Situation, wo das Problem auftreten könnte, es zu erkennen und zu wissen, daß sie sich wieder in diese gefährliche Situation begibt.«

Er berichtet von seinen Erfahrungen, wenn er bei seinen Patientinnen dieses Thema anschneidet: »Die Reaktionen sind unterschiedlich. Das wird von einigen akzeptiert, und von einem großen Teil wird es vollkommen verneint oder vollkommen weggedrückt und gesagt, das sei kein Problem und sie habe mit Sicherheit keinen Kinderwunsch und wisse genau, daß sie nicht schwanger wird und auch nie Kinder haben will. Einige Frauen stehen meiner Aussage relativ indifferent gegenüber.«

Es ist bemerkenswert, ja ungewöhnlich, wenn ÄrztInnen eine Psychotherapie empfehlen. Offenbar ist das Versagen der Verhütung bzw. die ungewollte Schwangerschaft ein gynäkologisches Problem, das ganz besonderer Behandlung bedarf – anders als andere häufig wiederkehrende Beschwerden wie Pilzinfektion, Sterilität, Menstruationsbeschwerden, Zyklusunregelmäßigkeiten, die ganz sicher ebenso psychosomatische Ursachen haben können. Warum erscheint konservative Behandlung – Vorbeugung, Pillen und schließlich operativer Eingriff – bei der ungewollten Schwangerschaft nicht angezeigt? Scheint sie hier nicht erfolgreich, das Leiden also auf diese Weise nicht heilbar, oder liegt es an der ganz unterschiedlichen Bewertung der Leiden? Es scheint so, als müßten bei der ungewollten Schwangerschaft alle Hebel – auch fachfremde – in Bewegung gesetzt werden, während bei den anderen »Frauenleiden« die herkömmliche Gynäkologie ausreicht.

Offen bleibt die Frage, welche Konsequenzen die Frauen ziehen sollen, die einen Kinderwunsch haben, aber dennoch jetzt kein Kind (mehr) haben können oder wollen? Die Verhütungsmisere bleibt ja bestehen. Sich des Kinderwunsches bewußt zu sein, hilft es, die Fruchtbarkeit zu reduzieren? Hilft es, die Lust zu kontrollieren? Hilft es, die Sexualität zwischen Mann und Frau zu verändern? Hilft es, weniger Abbrüche zu haben?

Unsere Gespräche geben durchaus Hinweise auf unbewußte Hintergründe für das Entstehen ungewollter Schwangerschaften. Selbst wenn diese nicht immer von den Frauen durchschaut werden, so treffen sie ihre Entscheidung doch ganz bewußt. Sie sind sich im klaren darüber, daß sie dem keimenden Leben ein Ende setzen, und sie konfrontieren sich mit den Folgen des Eingriffs für sich und ihren Partner.

Wiederholte Abbrüche können so etwas wie ein psychosomatisches Symptom sein. Und wenn eine Frau es wünscht, können Psychotherapie oder Beratungsgespräche ihr helfen, die Hintergründe der Abtreibungen zu verstehen und mögliche Leiden zu verringern. Wir sprachen auch mit Frauen, die ihre Schwangerschaftsabbrüche zum Anlaß nahmen, sich einer Psychotherapie zu unterziehen.

»Ich habe durch die Therapie gelernt, mich besser zu beobachten. Ich habe viele Sachen analysiert. Ich bin dreimal schwanger geworden, und jedesmal steckte ich in einer Prüfung. Wenn eine Prüfung bevorsteht, suche ich einen Ausweg. Eine Grippe würde bei mir einfach nicht reichen. Das wäre wieder so etwas wie: Frauen sind nicht stark. Ich will nicht schwach sein als Frau. Aber in einer Schwangerschaft, da ist das naturgegeben, da kann ich nicht anders. Das ist für mich die einzige Fluchtmöglichkeit gewesen. Therapie war für mich schon wichtig. Daß ich auch von diesem Schuldgefühl runterkam. Das ist jetzt alles nichts Magisches für mich, sondern durchschaubar geworden. Jetzt ist auch ein Abbruch nicht mehr schlimm für mich.«

Die Therapie hat ihr geholfen, die vorher als sehr belastend empfundenen Schuldgefühle zu bewältigen und den psychischen Hintergrund der Schwangerschaften zu verstehen. Die Therapie begann sie nach dem zweiten Abbruch, der dritte bereitete ihr keine Schwierigkeiten mehr.

Wenn der ungeklärte oder verborgene Kinderwunsch im Zusammenhang mit wiederholten Schwangerschaftsabbrüchen so oft thematisiert wird, ist es angezeigt, sich mit den bewußten und erfüllten Kinderwünschen der befragten Frauen zu beschäftigen.

Die Hälfte der Frauen hat ein, zwei oder mehr Kinder. Die anderen haben kein Kind. Sie leben bewußt ohne Kinder, und das soll auch so bleiben, oder der Zeitpunkt für Kinder ist noch nicht gekommen. Manche wünschen sich mehrere Kinder, doch die äußeren Bedingungen erlauben es nicht, dem Wunsch nachzugeben. Kinderwunsch und angestrebte Kinderzahl hängen von vielen Faktoren ab, sind keineswegs statisch. Sie verändern sich häufig im Laufe des Frauenlebens; vielfach ist ein Abbruch der Anlaß, noch einmal neu über früher gefaßte Lebenspläne nachzudenken.

Eine Frau, die heute zweiunddreißig Jahre alt ist und sieben Abbrüche hinter sich hat, spricht über ihren Kinderwunsch:

»Ich habe ein Kind. Das wird jetzt neun. Ich war knapp dreiundzwanzig, als er geboren wurde. Mein damaliger Freund wollte auf keinen Fall ein Kind. Und ich habe irgendwann gesagt, wenn ich noch mal schwanger werden sollte, dann werde ich das Kind auf jeden Fall kriegen. Das war so ein ganz sicheres Gefühl. Da war mir auch egal, was drumherum passieren würde. Man kann immer tausend Argumente gegen Kinder finden; logische und vernünftige. Das hätte mir auch keine Probleme bereitet, aber ich hatte einfach ein genau gegenteiliges Gefühl. Ich wollte unbedingt ein Kind. Als ich schwanger war, sagte mein Freund, er fühle sich nicht dazu in der Lage, er wisse nicht, ob er mich genug liebe, ob er für uns sorgen könne. Er hat gesagt, ich solle mich für einen Abbruch entscheiden oder er werde die Beziehung beenden. Da hab ich gesagt: ›Weißt du was, dann pack deine Klamotten und geh. Ich krieg das Kind.‹ Ich hab nie daran gezweifelt, daß das in der Situation gut und richtig war, das Kind zu kriegen. Im Grunde war es überhaupt nicht richtig.

Alles lag in Schutt und Asche. Die Beziehung war kaputt. Ich war im Job völlig angespannt. Ich hatte keine vernünftige Wohnung, kein Geld, gar nichts. Im Grunde war es verrückt. Ich habe aber trotz dieser ganzen Schwierigkeiten nie die Existenz dieses Kindes in Frage gestellt. Das war das einzige Mal, daß ich keine Zweifel hatte. Ich hatte bei allen anderen Schwangerschaften immer das Für und Wider erwogen und hab mich letztlich immer gegen ein Kind entschieden. Mit meinem Sohn war das anders. Es war nie eine Frage, dieses Kind zu wollen und lieben zu können. Die Schwierigkeiten waren immens, aber die Schwangerschaft war schön. Es war ein gutes Gefühl. Es war eine große Stärke in mir.

Ich denke, wenn Frauen wirklich einen Kinderwunsch haben, dann kommt dieser Wunsch irgendwann zum Tragen. Und wenn das Bedürfnis nach einem Kind stärker ist als die Zweifel, dann wird dieses Kind auch geboren. Dann kann man wahrscheinlich vom wirklichen Wunsch sprechen. Ein Kinderwunsch ist ja nichts, was man grundsätzlich hat. Den Kinderwunsch schlechthin, den gibt es einfach nicht.«

Ungewollte, ungeplante Schwangerschaften führen zur Geburt von Kindern wie zu Abbrüchen.

»Ich bin damals ungewollt schwanger geworden, wir mußten also heiraten, und so bekam ich meine Tochter. Ich fand das damals alles ganz schön, und ich wollte es dann auch so. Danach wurde ich noch zweimal schwanger. Mein Mann hätte gerne noch Kinder gehabt, aber ich wollte einfach nicht.«

Erwünschte Schwangerschaften können trotz eindeutigem Kinderwunsch zum Abbruch führen, wenn der Partner nicht mitmacht oder sich andere Umstände plötzlich ändern. Und ab und zu werden aus ungeplanten Schwangerschaften Wunschkinder.

»Mein zweites Kind war auch ein Wunschkind. Ich bin trotz Verhütung schwanger geworden, aber ich habe mir gesagt: Egal, ob diese Partnerschaft klappt oder nicht, mir ist es egal, ich will mein zweites Kind haben.«

Manchmal verändert sich in zwei Stunden die bis dahin feste Lebensplanung.

»Ich hatte mich vollkommen damit eingerichtet, daß ich keine Kinder kriege. Als ich nach vielen Jahren wieder schwanger wurde, fiel das ganze Gebäude innerhalb von zwei Stunden zusammen. Ich ging zum Arzt, weil ich den Verdacht hatte, schwanger zu sein, und sagte zu meinem Mann: ›Na ja, jetzt ist es ja nicht mehr so schwer mit der Abtreibung.‹ Irgend so was. Und dann kam ich nach Hause und sagte: ›Wir kriegen ein Kind.‹«

Früher wie heute werden Kinder geboren, weil Frauen keine oder keine weitere Abtreibung haben möchten.

»Als ich das erste Kind kriegte, war ich zweiundzwanzig. Bis dahin war mit Abtreibungen schon fürchterlich viel gelaufen. Als das erste Kind da war, kriegte ich gleich noch ein zweites. Das waren natürlich keine geplanten Kinder. Ich habe nur gesagt, wenn ich noch mal schwanger werde, dann kriege ich das Kind. Ich kann nicht noch mal abtreiben, das bringe ich nicht fertig. Nach den Kindern war ich dann sicher, daß ich keine weiteren wollte, und so passierte es doch noch mal.«

Bis vor kurzem kamen die meisten Kinder ungeplant zur Welt. Auch heute werden viele ungeplante Schwangerschaften ausgetragen. Manchmal zieht sich der Entscheidungsprozeß über Wochen hin, und manchmal gibt es trotz der ungeplanten Schwangerschaft ein spontanes, glattes »Ja« zum Kind.

Nach einer Untersuchung aus den USA sind dort durchschnittlich 60 % aller Schwangerschaften ungeplant, und zwei Drittel dieser Schwangerschaften werden ausgetragen.[12] Nur die Verhütungslegende suggeriert, daß heute nur noch geplante Wunschkinder geboren werden.

Wie sich im Laufe des Lebens die Vorstellung verändern kann, ob ein Abbruch im Falle einer ungeplanten Schwangerschaft in Frage käme und wie Verhütungsverhalten und Kinderwunsch zusammenhängen können, beschreibt eine Frau so:

»Kurze Zeit nach der Geburt, da hatte ich schon so das Gefühl, auf keinen Fall wieder schwanger zu werden. Es wäre mir unheimlich schwergefallen, das abzutreiben. Andererseits war klar, daß ich es unbedingt hätte machen müssen. Da hatte ich auch mehr Panik. Jetzt habe ich schon mal gedacht, ein drittes Kind wäre auch ganz gut. Obwohl ich denke, niemals alleine, also ohne Partner. Aber ich bin eindeutig lockerer geworden mit der Verhütung. Ich merke, daß ich jetzt auch wieder eine Abtreibung an mir vornehmen lassen könnte. Aber am liebsten hätte ich es, ich würde jetzt einen Mann kennenlernen, der sagt: ›Schatz, ich habe dich gesucht und endlich gefunden. Die zwei Kinder finde ich so süß, und ich möchte mit dir noch ein drittes, und wir leben ab heute zusammen und kriegen noch eins, und das versorge ich. Ich bin Hausmann, und du gehst zur Arbeit.‹«

»Nie wieder zu sagen, ist Quatsch«

Lehrerin, dreiunddreißig Jahre, zwei Kinder, drei Abbrüche

Von meinem ehemaligen Mann wurde ich zweimal schwanger und habe zweimal abgebrochen, und dann wurde ich ein drittes Mal von ihm schwanger und bekam ein Kind. Ich habe mittlerweile einen neuen Partner. Mit ihm habe ich auch ein Kind, eine Tochter. Ich wurde von ihm noch mal schwanger, aber ich wollte jetzt kein Kind mehr. Zwei Kinder reichen mir eigentlich.

Bei der letzten ungewollten Schwangerschaft war meine psychische Situation sehr schwierig, weil mein geschiedener Mann und ich uns immer noch um unseren Sohn streiten. Und ich hab mir gedacht, ich muß auf mich aufpassen und auf mein kleines Baby, und in dieser Situation kann ich die Belastung eines dritten Kindes nicht ertragen. Andererseits hatte ich dadurch, daß ich Christin bin, sehr große Schwierigkeiten. Das war jedoch bei allen drei Abbrüchen so. Im Grunde fiel mir der letzte Abbruch am schwersten, weil ich mich mit meinem neuen Partner sehr wohl fühle und weil ich Kinder sehr gerne habe. Ich mußte mich durchringen und an meine Verantwortung und an mich denken.

Beim ersten Abbruch war die Entscheidung für mich leichter. Ich war noch nicht verheiratet, stand mitten in der Ausbildung, hatte meinen späteren Mann gerade kennengelernt, wußte nicht, ob wir zusammenbleiben können, und da war für mich klar: Du mußt abtreiben. Du mußt dein Studium beenden, du weißt nicht, ob du den Mann heiraten wirst. Die Entscheidung war klar für mich. Ich habe damals zusammen mit meiner Frauengruppe nach Beratungsstellen gesucht, die da nicht moralisch rangehen, sondern die Psyche und die ganze Situation der Frau betrachten. Vor dem Eingriff hatte ich sehr große Angst. Als ich meine Papiere hatte, bin ich zu einem Arzt gegangen, der sagte: »Alles kein Problem.« Aber für mich war das körperlich so gruselig. Ich bin danach zusammengebrochen. Es war sehr schmerzhaft, es hat geblutet.

Und dann die Enttäuschung darüber, wie entsetzlich es war, obwohl mir gesagt wurde: Das ist gar nichts. Dieses Abgefertigtwerden. Und dann hatte ich plötzlich unheimliche Schuldgefühle. Vorher war rational alles klar gewesen, mir war es körperlich gutgegangen. Dieses Erlebnis Schwangerschaft war toll gewesen und mit Wohlbefinden verbunden. Aber dann ging es mir unheimlich schlecht, und ich fühlte mich von der ganzen Situation völlig überfordert. Es hat Wochen und Monate gedauert. Jeden Abend habe ich geträumt, Embryos gesehen – Mörderin –, also ganz schlimm war der erste Abbruch für mich. Ich hatte solche Schuldgefühle und gedacht, du hast jetzt einen Menschen getötet. Du bist egoistisch, denkst nur an dein Studium. Solche Vorwürfe habe ich mir selber gemacht. Vorher diese Angst, was kommt körperlich auf mich zu, und dann diese physische und psychische Verarbeitung und ganz gravierend diese Mördergeschichte.

Bei der zweiten Schwangerschaft war ich kurz vor der Prüfung, ich hatte sehr viel Arbeit. Das war ein Trauerspiel irgendwie. Ich dachte, was machst du da nur, du kannst es doch nicht schon wieder machen. Beim zweiten Mal war ich mit dem Arzt voll zufrieden. Ich konnte mich ganz anders mit der Sache auseinandersetzen. Ich konnte dem Arzt auch das Erlebnis von der ersten Abtreibung schildern. Beim Eingriff war die Schwester sehr liebevoll zu mir, und er hat mir alles genau erklärt. Es war eine ganz andere psychische Situation. Ich habe das dann auch viel schneller verarbeitet als den ersten Abbruch. Die Vorbereitung darauf war ja auch ganz anders gewesen.

Tja, und dann bekam ich mein Kind. Ich hab mir das gewünscht und hab dann mit Hausgeburt entbunden. Das wollte ich nun endlich haben. Drei Jahre später kam mein zweites Kind. Das war auch eine Hausgeburt. Die wurde aber leider abgebrochen und im Krankenhaus mit Kaiserschnitt beendet. Die Ärzte diagnostizierten eindeutig, daß es psychische Gründe hatte. Ich wollte mein Kind nicht rauslassen, weil ich Angst hatte, die würden es mir wegnehmen. Der Streit mit meinem damaligen Mann um meinen Sohn stand dazwischen.

Mein zweites Kind war auch ein Wunschkind. Ich bin trotz Verhütung schwanger geworden, aber ich habe mir gesagt:

Egal, ob diese neue Partnerschaft klappt oder nicht, ich will mein zweites Kind haben. Wir leben heute noch zufrieden zusammen. Bei diesen beiden Schwangerschaften wußte ich sofort, daß ich schwanger geworden bin.

Mit Verhütungsmitteln hatte ich immer nur Pech. Ich versteh das nicht. Also ich war nie wahllos oder unüberlegt mit einem Mann im Bett. Ich habe immer verhütet, immer aufgepaßt. Ich hab schon alles ausprobiert: die Spirale, Präservative, Salbe, Diaphragma. Jetzt nehme ich leider erst mal die Pille, weil mir nichts anderes bleibt. Der Arzt sagte, ich gehöre zu den Frauen, die so fruchtbar sind, daß trotz Verhütung etwas passieren kann. Und er sagte, ich soll mir keine Sorgen machen. Das gibt es eben, leider.

Deshalb dachte ich auch bei der letzten Schwangerschaft: Das darf doch nicht wahr sein! Meine fünfte Schwangerschaft! Stell dir mal vor, wie die Leute darüber reden. Das begreift doch kein Mensch. Wie kriegst du das bloß für dich selber klar? Und dann meine Christengemeinde, die haben mir natürlich zugesetzt und gesagt: Du darfst keinen Abbruch machen. Ich bin in einen Konflikt geraten und habe nach sinnvollen Gesprächen gesucht, um rauszufinden, was das Richtige ist für mich. Es ist egal, was andere Leute darüber denken, auch wenn es die mir liebsten und nächsten sind. Ich muß damit leben können. Ich hätte dann drei Kinder und meinen Beruf! Das wäre für mich eine Überforderung, nicht nur psychisch. Es wäre auch über meine Kräfte gegangen. Es war schwer für mich.

Für mich war es besonders furchtbar, daß Leute aus meiner christlichen Gruppe zu mir sagten, ich solle das Kind austragen und ihnen geben. Da habe ich gesagt: »Seid ihr denn wahnsinnig? Ich soll ein Kind austragen und es dann weggeben!?« Das war für mich so grausam, daß ich erst mal nichts mit ihnen zu tun haben wollte. Nach dem Abbruch gingen mir dann die Gedanken dieser Christenmenschen durch den Kopf. Ich habe mir gesagt: Du bist keine Mörderin. Nein, das ziehe ich mir nicht an.

Mein damaliger Mann hat sich bei den Schwangerschaften wunderbar verhalten und mein jetziger Partner auch. Nach den Abbrüchen wurde ich immer gut behandelt und gepflegt. Meine liebsten Freundinnen wissen von allen Schwangerschaften. Meine Eltern fanden meine Entscheidung immer richtig. Meine Mutter war z. B. diejenige, die als erste bei der ersten Schwangerschaft sagte: »Mach doch einen Abbruch. Du schaffst das nicht.«

Wenn ich zu einem Arzt gehe, dann gebe ich alle Schwangerschaften an. Ich weiß ja nicht, ob es gynäkologisch eines Tages mal eine Bedeutung haben kann. Und ich bekunde damit, daß ich Vertrauen habe. Wenn ich ihn nicht sympathisch finde, dann gehe ich sowieso gleich wieder.

Manchmal hat der Abbruch
auch seine guten Seiten

Schwangerschaftsabbrüche haben auch ihr Gutes. Darüber wird selten gesprochen, weil es niemand erwartet. Die dunkle Seite der Abtreibung ist bekannt: Leiden, Zweifel, Schuld, Schmerzen, Angst und Trauer. Das alles erleben Frauen allzu oft. Und doch: in den Gesprächen begegnete uns auch die andere, die positive Seite. Wir haben nicht ausdrücklich danach gefragt – ganz spontan berichteten Frauen die unterschiedlichsten positiven Erfahrungen.

»Ich hatte mal eine Frau in der Beratung, die sagte, daß ihre Entscheidung zum Abbruch eine Veränderung in ihrem Leben gewesen sei, und es habe ihr unheimlich gutgetan, so bewußt eine Entscheidung zu treffen.«

Wenn die Entscheidung zum Abbruch zum wiederholten Male getroffen wird, kann es ein noch deutlicherer Entschluß für den selbst gewählten Lebensweg sein, kann er das Selbstbewußtsein und die Autonomie stärken.

»Ich fühl mich jetzt, nach dem zweiten Abbruch, eigentlich noch besser und noch bestätigter in dem, was ich will. Ich weiß jetzt noch genauer, was ich will, als nach dem ersten Abbruch. Es ist gerade so, als wenn es sich noch mal manifestiert hat, daß es gut so ist.«

Mit solch einer Auswirkung rechnet zunächst keine Frau. Aus der Beratungsarbeit kennen wir die verbreitete Erwartung, daß nach Abtreibungen Schuld und Leiden auf Frauen warten, daß das Gewissen sie martern wird. Doch es kann ganz anders kommen.

»Man macht sich ja Phantasien, was Abtreibung für Folgen hat. Ich hab immer gedacht, mich muß danach die Reue packen. Du hast was Schlimmes getan, da muß doch irgendwas kommen. Ich war beide Male sehr erstaunt darüber, daß es mir danach nicht schlecht ging. Ich hab mich danach mir selbst liebevoll zugewandt. Ich hab meinen Körper als was ganz Zartes empfunden und auch als so was Eigenständiges, und ich hab ihn ungeheuer liebgehabt in dem Moment. Ich dachte, ich habe ihm etwas weggenommen, worauf er sich eingerichtet hat, jetzt mußt du besonders nett zu ihm sein. Für mich war es etwas ganz Schönes, daß ich mit meinem Körper behutsamer umgegangen bin.«

Diese Frau unterstreicht im weiteren Gesprächsverlauf, wie ihre Lebensperspektive durch die Entscheidung gegen ein Kind deutlicher wurde. Sie entdeckt, wie stärkend es sein kann, wenn man sich nicht als Spielball der Ereignisse fühlt, sondern über den eigenen Lebensweg selbst bestimmt.

»Für mich war die Entscheidung zum zweiten Abbruch auch eine Lebensentscheidung. Ganz bewußt gefällt. Ich möchte mein Leben nicht ohne Entscheidungen verbringen. Ich fand es sehr hilfreich, die Entscheidung gegen ein Kind zu treffen. Dadurch wurden sehr viele andere Sachen klarer: berufliche Perspektive, auch inwieweit ich eine feste Bindung mit jemandem eingehen möchte. In mir ist natürlich auch dieser Wunsch nach Kindern, Mann, Haus... Das war deshalb schon eine Weichenstellung. Es hat mich in anderer Weise reif werden lassen.«

Ebenso wie die Entscheidung zum Abbruch ein Reifeschritt sein kann, wird auch die Fähigkeit, häufig schwanger zu werden, manchmal positiv erlebt.

»Wenn die Situation so toll ist, kann es passieren, daß ich nicht verhüten will. Daher ist klar, daß ich öfter schwanger werden kann. Ich bin eigentlich nie krank, ein gesunder Mensch. Es ist einfach ein normales biologisches Funktionieren. Ich finde das ganz angenehm.«

Obwohl viele Frauen von den Vorwürfen sprachen, die sie sich wegen der Schwangerschaftsabbrüche machen, schimmerte mitunter auch Freude über die eigene Fruchtbarkeit durch. Eine Frau sprach von dem Stolz, den sie empfindet über ihre Empfängnisbereitschaft, über diesen Ausdruck ihrer Weiblichkeit.

»Ich glaube, daß jede Frau, die genauso offen ist, auch genauso empfangen kann. Ich bin bereit, ich will das in dem Moment. Das, glaube ich, ist der Grund für die Schwangerschaft. Manchmal habe ich sogar das Gefühl, richtig stolz darauf zu sein. Es ist einfach unheimlich schön.«

Die Frau, die ihre erste Abtreibung während der Nazizeit

erlebte, meinte, das hätte damals auch eine politische Bedeutung für sie gehabt, als Widerspruch gegen den Gebärzwang und Ausdruck einer eigenständigen Lebenseinstellung.

»Die meisten Leute sind bieder und brav, denen passiert es nicht. Dann gibt es irgendwie leichtfertigere Menschen wie mich: rasant, weltmännisch, erfahren und unerschrocken.«

Auch Schwangerschaften, die mit Abtreibung enden, werden völlig unterschiedlich erlebt. Während einige Frauen unter dem Gefühl der Schwangerschaft leiden, ist es für andere ein schönes Erlebnis.

»Für mich war es immer ein Schock, schwanger geworden zu sein. Aber schwanger zu sein war dann so schön, dieses Gefühl dabei und mein ganzes Denken gingen nur in die Richtung. Ich habe auch gedacht, daß ich meinen Freund so gut finde, daß ich gut ein Kind von ihm haben könnte.«

Einige Frauen haben gelernt, und zwar mühsam gelernt, mit Schwangerschaftsabbrüchen zu leben. So wie eine der Befragten, die immer davon ausgegangen war, daß sie nie abtreiben würde. Sie hat sich immer um sichere Verhütung bemüht, es kam trotzdem zur Schwangerschaft, zum Abbruch. Danach glaubte sie, es würde ihr nie wieder passieren. Wenige Monate danach war sie ein zweites Mal schwanger und machte wieder einen Abbruch. Es folgte ein psychischer Zusammenbruch. Sie litt unter starken Schuldgefühlen, reagierte darüber hinaus mit körperlichen Symptomen wie ständige Scheideninfektionen. Eine Psychotherapie half ihr, so daß sie nach ihrem inzwischen dritten Schwangerschaftsabbruch folgendes sagt:

»Den dritten Abbruch habe ich ganz toll überstanden. Da hatte ich auch keine Infektion, gar nichts. Mir ging es sehr gut. Ich habe keine Schuldgefühle gehabt. Mittlerweile hab ich das Gefühl, ich kann mich gegen diese Angriffe von außen wehren, weil ich jetzt dahinterstehe. Es ist eben passiert, und es geht die Leute gar nichts an, warum ich schwanger geworden bin. Ich weiß, daß ich das nicht mit wahrer Begeisterung mache und daß es für mich eine überlegte Entscheidung ist. Wenn jemand mir Vorwürfe macht, habe ich keine Lust, darüber zu diskutieren. Wenn jemand zu mir sagt, du siehst das als Verhütungsmethode an oder so was. Ich weiß, daß es nicht so ist. Es verletzt mich nicht mehr.«

Ähnlich erlebt es die Lehrerin, die im vorigen Kapitel ihre Geschichte erzählt. Nach dem ersten Schwangerschaftsabbruch litt sie monatelang unter starken Schuldgefühlen. Erst später, nach zwei Geburten und drei Abtreibungen, war es ihr möglich, sich mit der eigenen Verantwortung und dem eigenen Lebensplan auseinanderzusetzen.

»Ich habe dann gesehen, weil ich noch relativ jung bin und Kinder sehr gerne habe und, wie gesagt, sehr fruchtbar bin, daß es noch öfter passieren kann.«

Sie akzeptiert, daß Schwangerschaftsabbrüche zu ihrem Leben gehören, und ist jetzt auch in der Lage, sich von moralischen Vorwürfen zu distanzieren. »Es ist egal, was andere Leute darüber denken, auch wenn es die mir liebsten und nächsten sind. Ich muß damit leben.« Sie hat gelernt, mit Schwangerschaftsabbrüchen umzugehen, leidet nicht darunter, daß es ihr öfter passierte, und hat erkannt, daß es nicht der letzte Abbruch gewesen sein muß.

Trifft auf diese Frau nun die immer wieder gehörte Befürchtung zu: »Man darf es den Frauen nicht zu leicht machen, sonst benutzen sie Abtreibung als Verhütungsmethode«? Wir meinen, daß gerade ihre Geschichte zeigt, wie unsinnig diese Behauptung ist. Die Ursache der Schwangerschaften, ein Liebeserlebnis, Fruchtbarkeit oder fehlgeschlagener Empfängnisschutz, haben mit der Entscheidung zum Abbruch nichts zu tun. Diese kann leicht- oder schwerfallen. Sie wird immer aufgrund der jeweiligen persönlichen Lebenssituation getroffen und nicht, weil die Behandlung bei der Abtreibung gut oder schlecht ist.

Weil beim Schwangerschaftsabbruch davon ausgegangen wird, daß man aus Schaden, nämlich einer Abtreibung, klug wird, ist es nicht verwunderlich, wenn eine wohlwollende Ärztin folgende Aussage trifft: »Ich denke, sie merken sich nur was, was sie selber als Trauma erfahren haben. Wenn für sie eine Abtreibung nicht belastend ist, dann werden sie es auch eher wieder in Kauf nehmen.«

In der schon öfter zitierten Studie stellen Ketting und van Praag fest: »Die Furcht, daß der Schwangerschaftsabbruch durch eine Legalisierung die Anwendung von Verhütungsmethoden ersetzen könnte, hat sich als unbegründet erwiesen.«[13] Und Steinhoff u. a. kamen in ihrer empirischen Untersuchung zu dem Ergebnis, daß die Zahl der Mehrfachabbrüche so niedrig ist, wie bei den gängigen Verhütungsmitteln angenommen werden muß. Der leichtere Zugang zum Abbruch führt nicht zu weniger oder zu nachlässiger Verhütung.[14]

Freundliche Behandlung kann die Leiden lindern, die Zahl der Abbrüche erhöht sich dadurch nicht. Schuldgefühle, Selbstanklagen können durch Verständnis verringert werden, mit der Entscheidung zum Schwangerschaftsabbruch hat das nichts zu tun. Eigentlich sollte es aus menschlichen Erwägungen selbstverständlich sein, daß Frauen Hilfe und Unterstützung erfahren, egal, ob es der erste oder der zehnte Abbruch ist. Wir wissen, daß es nicht so ist. Die folgenden Aussagen zeigen die Bedeutung der guten Behandlung und Unterstützung für die Frauen.

Eine Frau, die sich an die Zeit vor 1945 erinnert:

»Ich glaube, ich hatte zehn Abbrüche. Aber vielleicht potenziert sich das in meiner Phantasie. Es war ein solcher Amoklauf, und es waren auch so eklige Sachen dabei, daß es mir beinahe schon vorkommt, als seien es hundert gewesen. In der Nazizeit war es ja streng verboten, da war es wirklich lebensgefährlich. Ich hatte immer Angst, umzukommen oder furchtbar ruiniert zu werden. Und die Ärzte, also die Leute, die es machten, hatten auch furchtbare Angst. Zu der Zeit war alles nur permanente Angst. Die Umstände, bis man überhaupt jemanden gefunden hatte, waren absurd und schrecklich. Letztlich hat man immer jemanden gefunden. Aber es war ein richtiges Spießrutenlaufen. Und dann die Angst, was ist, wenn es rauskommt oder schiefgeht. Das war ja so, daß die einen nur angepiekst haben, und dann hat man richtige Fehlgeburten produziert. Es war schrecklich, weil es oft auch erst im dritten Monat passierte, weil man so lange nach jemandem suchen mußte. Die Frauen heute haben es ja einfacher. Man kann es rechtzeitig machen lassen, also das ist gar kein Vergleich mit früher.«

Für sie war die Nachkriegszeit, in der Schwangerschaftsabbrüche zwar weiterhin verboten, aber nicht mehr so streng verfolgt waren, schon eine Erleichterung. Andere Frauen berichten von der Entlastung, nachdem in der Bundesrepublik die jetzige gesetzliche Regelung eingeführt wurde.

»Also ich hab auch mehrere Schwangerschaftsabbrüche gehabt. Beim ersten fuhr ich nach Holland. Da fühlte ich mich sehr allein. Es war auch so eine anonyme Angelegenheit. Ich wäre damals gerne mit einem dieser Busse gefahren, aber ich hatte nicht so viel Kontakt. Bei der Rückfahrt in der Bahn habe ich furchtbares Brennen im Unterleib gekriegt, und ich wollte mich nur noch hinlegen. Da waren dann so blöde Bundeswehrsoldaten im Abteil, die wollten irgendwas mit mir anfangen. Das war in der Situation wirklich sehr abwegig. Ich fühlte mich sehr alleingelassen. Und das zweite Mal war bei einem Arzt, das war dann schon in der legalen Zeit. Da begleitete mich eine Freundin. Die hat mir sehr viel emotionale Wärme gegeben. Und der Arzt war auch sehr nett. Der gab mir einen Pfefferminztee und hat mir die Hand gehalten. Er hat sehr viel Verständnis gehabt.«

Welche Entlastung es für Frauen bedeutet, unterstützt und gut behandelt zu werden, gerade weil die Belastung durch den Abbruch an sich meist schon groß ist, zeigt die Aussage einer Frau, die sieben Schwangerschaftsabbrüche hinter sich hat. Sie ließ die ersten im Krankenhaus unter Vollnarkose machen. Die Indikationsregelung gab es bei den ersten Abbrüchen noch nicht.

»Und die letzten hatte ich im Familienplanungszentrum. Da war natürlich alles anders. Das war eine vollkommen umwälzende Erfahrung für mich. Daß man hingehen und sagen kann, man ist schwanger und will das nicht, ohne daß irgend jemand den Stab über einen bricht. Es war erleichternd und entlastend. Die ganze Atmosphäre und die Leute auch. Ich hatte das erste Mal das Gefühl, ich muß mich nicht verstecken mit meiner Vorgeschichte. Ich fühlte mich angenommen und aufgehoben. Das war gut.«

»Das Schwangersein ist eine besondere Art des Frauseins«

Therapeutin, zweiunddreißig Jahre, ein Kind, kein Abbruch

Für mich macht es einen Unterschied, ob eine Frau einen oder zwei oder noch mehr Abbrüche hat. Wenn sie mehr als einen hat, würde ich erst mal stutzig werden und denken: Meine Güte, was macht sie da? Warum hat sie nicht besser aufgepaßt? Was ist es? Warum mußte es passieren? Ich denke, für jede Frau ist ein Abbruch eine unangenehme Erfahrung. Man tut Körper und Seele viel Gewalt an, wenn man das häufiger über sich ergehen läßt.

Wenn eine Frau einen Abbruch hat, würde ich denken, das ist so ein Ausrutscher. Da kann keine Frau, ich auch nicht, die Hand für ins Feuer legen, daß sie nicht auch mal eine Zeit hat, wo sie einfach unvorsichtig ist. Das muß dann auch nicht unbedingt ein versteckter Kinderwunsch sein. Es kann einfach mal passieren, so aus einer Situation heraus, daß es einem egal ist. Das kann ich gut verstehen.

Wenn es dann aber ein zweites oder drittes Mal passiert, da finde ich es schon komisch, daß da nicht mehr auf sich geachtet wird. Ich glaube, Frauen, die keinen oder einen Abbruch haben, unterscheiden sich von Frauen, die drei oder vier oder noch mehr Abbrüche haben. Ich denke, sie gehen ziemlich schlunzig mit sich um, unachtsam und ziemlich unbewußt. Ich nehme an, daß sie auch unbedacht in der Sexualität mit sich umgehen, sich auf Situationen einlassen, die sie vielleicht gar nicht wollen. Das ist jedenfalls meine Phantasie über solche Frauen. Ich denke, daß da ein verborgener Kinderwunsch sein muß. Anders kann ich mir das nicht vorstellen. Daß da irgend etwas versteckt ist, was nicht zutage treten darf oder sich dadurch äußert, daß die Frauen immer wieder schwanger werden und nichts dagegen tun. Ich kann mir einfach nicht vorstellen, daß eine Frau, die sich ganz sicher ist, daß sie kein Kind haben will, mehrere Abbrüche hat. Ich denke, daß sie sich tief unten eigentlich ein Kind wünschen, aber es nicht in ihr Leben paßt.

Solchen Frauen würde ich immer empfehlen, sich damit bewußt auseinanderzusetzen. Sei es, daß sie sich in eine Beratung begeben oder eine Zeitlang Therapie machen. Sie sollten auf jeden Fall die Möglichkeit haben, mit jemandem genauer zu erforschen, was eigentlich bei ihnen los ist. Ich glaube, daß es unbedingt wichtig wäre, es ins Bewußtsein zu holen, welchen Teil es da noch gibt, der sich immer wieder meldet und der immer wieder abgeschnitten wird. Wenn eine Frau drei oder vier Abbrüche hat, würde ich immer denken, das ist ein Indikator für etwas, das unbewußt läuft, etwas, das sie nicht im Griff hat.

Es wird oft gesagt, es gebe Frauen, die seien besonders fruchtbar. Denen würde es immerzu passieren. Ich glaube aber, daß es nicht zufällig ist, wenn eine Frau besonders fruchtbar ist. Eine Frau, die wirklich kein Kind haben will, bei der *kann* ich mir nicht vorstellen, daß der Körper ständig mit Fruchtbarkeit reagiert. Aber ich kenne wenige solcher Frauen. Ich weiß da zuwenig drüber. Ich glaube aber nicht, daß es mit der sexuellen Aktivität zusammenhängt, sondern eher damit, wie man mit Sexualität umgeht.

Meine Erfahrung ist, daß es enorm viele Frauen gibt, die auf sexuellem Gebiet ganz große Probleme haben. Natürlich ist das nicht nur bei Frauen so, sondern auch bei Männern. Viele Frauen haben viele schlechte Erfahrungen gemacht, sich auf etwas einzulassen, was nicht gut für sie ist. Den wenigsten Menschen wird ja beigebracht, sich danach zu richten, was der Körper braucht. Es fehlt dieses: im eigenen Körper zu wohnen.

Ich habe auch die Vermutung, daß Frauen, die wenig aufgeklärt sind, im Sinne, daß sie – ich sag es jetzt ruhig mal – wenig Bildung haben, daß diese Frauen auch wenig gelernt haben, nachzudenken oder bewußt zu handeln. Es ergibt sich bei ihnen eher aus dem Strom der Zeit. Ich glaube, daß diese Frauen mehr Schwierigkeiten haben, Verhütung konsequent zu handhaben. Sie wissen, wie man richtig verhütet, aber sie sind von den Ereignissen des Tages so eingenommen, haben soziale Schwierigkeiten, auch Schwierigkeiten, andere Sachen zu organisieren und zu regeln, daß sie keine Zeit haben, sich über sich selbst Gedanken zu machen und sich zu schützen. Frauen, die schon mehrere Kinder haben, vielleicht auch noch arbeiten müssen, denen alles über den Kopf wächst.

Ein Problem kommt zu dem Ganzen noch hinzu. Es sieht jetzt so aus, als würde alles an den Frauen liegen. Ich finde die ganze Frage der Verhütung sehr schwierig. Das geht mir im Moment selber so. Ich habe vor einem halben Jahr ein Kind gekriegt und stehe jetzt wieder vor der Frage der Verhütung und weiß überhaupt nicht, was ich nehmen soll. Das geht sehr vielen Frauen so, und da ist man noch nicht weiter als vor zehn Jahren. Viele Frauen haben eben genau wie ich Jahre mit der Spirale und Jahre mit der Pille hinter sich, und dann ist es schon zappenduster. Was bleibt da noch? Und das ist ein Problem, das nicht an den Frauen liegt, sondern das objektiv da ist. Deshalb kommen Frauen auch immer wieder in die Lage, mehrere Abbrüche zu haben.

Ich finde es mit dem Kondom unangenehm. Ich denke, daß es vielen Frauen so geht. Das ist nicht die Alternative. Und das Diaphragma ist nicht so einfach anzuwenden. Kann auch hinderlich sein. Ich glaube, es würde nicht so viele Abbrüche geben, wenn die Verhütungsfrage besser erforscht wäre. Ich denke, daß ziemlich bewußt Forschungsmöglichkeiten zurückgehalten werden, daß sehr viel mehr entwickelt werden könnte. Wenn das anders wäre, würde es den Frauen auch besser gehen.

Ich glaube nicht, daß man erreichen kann, daß es überhaupt keine Schwangerschaftsabbrüche mehr gibt, weil das menschliche Leben irgendwie anders läuft. Wenn es andere Verhütungsmittel gäbe, würde aber vielen Frauen diese Erfahrung erspart bleiben. Und auch durch verstärkte Aufklärung könnte man Schwangerschaftsabbrüche verhindern. Viele Frauen brauchten noch mehr Aufklärung. Nicht über Verhütungsmittel, sondern über Sexualität überhaupt.

Ich glaube, daß mehrere Abbrüche psychische Auswirkungen haben. Soweit ich das bisher von Frauen hörte, die einen Abbruch hatten, war das immer in einer Krisenzeit. Ich kann mir kaum vorstellen, daß eine Frau das mit links macht und es schnell wieder vergißt. Ich glaube, daß es immer eine leichte Krise bedeutet. Bei mehreren Abbrüchen sicherlich auch. Wobei es gewiß unterschiedlich ist, wie bewußt das wahrgenommen wird. Es gibt ja Frauen, die versuchen, darüber hinwegzugehen, stark zu sein und gleich weiterzuarbeiten. Ich glaube aber, daß es trotzdem psychische Auswirkungen hat.

Ich stelle mir vor, das Schlimme an einem Abbruch ist, daß eine Möglichkeit im Körper der Frau entstanden ist. Etwas hat angefangen, das in eine ganz andere Richtung hätte gehen können, auch ihr Leben verändern würde. Ich denke, daß dieses mögliche Leben, mit allem, was da an Vorstellungen von Schwangerschaft, Geburt und Kinderhaben dranhängt, mit schönen Vorstellungen verbunden ist. Daß man sich diese Möglichkeit wegnimmt. Nicht unbedingt, daß das schon Leben ist. Ich glaube nicht, daß viele Frauen schon das Gefühl haben, da ist schon ein Wesen in ihnen. Das ist ja zu früh. In den ersten Wochen hat man das Gefühl noch nicht. Es sind eher die eigenen Möglichkeiten, die ich als Frau habe, ein Kind auszutragen, daß die in dem Moment akut geworden sind und daß das so schwierig ist. Das Schwangersein ist eine besondere Art des Frauseins. Es hat eine besondere Bedeutung, auch für viele aufgeklärte Frauen.

Ich stell mir vor, wenn ich jetzt einen Abbruch hätte, ich wüßte, aus welchem kleinen Fitzelchen dieses Leben wird und wie es langsam wächst, und es würde mir enorm schwerfallen, es abzutreiben.

Ich habe auch schon von Frauen gehört, die ein ganz gutes Gefühl hatten in den Tagen, in denen sie schwanger waren. Das es eine schöne Zeit war, obwohl es dann abgebrochen wurde. Das ist aber immer nur die eine Seite der Medaille. Eine Frau erzählte mir, daß es für sie eine schöne Erfahrung war, schwanger werden zu können, aber andererseits hat sie unheimlich unter dem Abbruch gelitten, obwohl klar war, daß sie mit dem Mann nicht konnte, es keine Perspektive gab und es in dem Moment gar nicht in ihr Leben paßte. Und doch hat es sie sehr mitgenommen, weil sie eigentlich ein Kind haben möchte.

Schwangerschaftsabbrüche sind für mich etwas anderes als z. B. Trennungen oder andere schmerzliche Erfahrungen, die man im Leben macht. Trennungen gehören zum Leben. Das sind Schmerzen, die jeder Mensch von klein auf erfährt.

Beim Abbruch ist es anders, das ließe sich vermeiden. Es gäbe durch Verhütung eine gute Möglichkeit, daß man es nicht über sich ergehen lassen muß.

Ich fände es absolut falsch zu sagen, daß Abbrüche ein Mittel zur Familienplanung sind, so wie die Pille. Das geht auf Kosten der Frauen. Das geht auf ihre Psyche. Ich finde die Aussage makaber, daß Abbrüche zum Leben von Frauen gehören wie Geburten. Es klingt so, als müßten wir uns damit abfinden, daß es zu unserem Dasein gehört.

Wer in einer schwierigen Lage ist, wünscht sich Mitgefühl. Wer eine schwierige Entscheidung treffen muß, hofft auf Bestätigung. Vor allem von den Nächsten. So stellt sich für jede Frau die Frage, mit wem sie über den Abbruch sprechen kann. In den meisten Fällen redet sie mit ihrem Partner – falls sie einen hat, und wahrscheinlich erfahren die nächsten Freundinnen davon. Vielleicht auch ihre Eltern und Geschwister, manchmal die Ärzte des Vertrauens. Häufig ersinnt die Frau ein ausgeklügeltes System der »abgestuften« Information. Dabei richtet sie sich danach, von wem sie Unterstützung oder Kritik vermutet, wen sie wirklich informieren *muß* und wem sie den Abbruch wirklich verheimlichen *kann*. In der Regel ist sie nicht rückhaltlos »offen«, wie sie es bei anderen medizinischen Eingriffen wäre. Geheimhaltung und Beschönigung sind Strategien, die mit befürchteter oder erfahrener Ablehnung begründet werden; Offenheit führt zuweilen zu ganz unerwarteten positiven Reaktionen.

Besondere Erwartungen haben Frauen an ihre Freundinnen, von denen sie sich in dieser Situation Beistand erhoffen. Dazu sind Freundinnen da. Viel weniger, ja eigentlich vorwiegend Ablehnung und Kritik erwarten sie von ihren Müttern; sie scheinen auch für die bereits erwachsenen Frauen die wichtigste moralische Instanz zu sein. Die Ärztinnen und Ärzte repräsentieren am ehesten Kontrolle, die aber notfalls durch taktisches Verhalten unterlaufen werden kann.

Nur wenige Frauen erlebten Reaktionen, die sie als angemessen und hilfreich empfanden.

»Mein damaliger Mann hat sich bei den Schwangerschaften wunderbar verhalten, und mein jetziger Partner dann auch. Nach den Abbrüchen wurde ich immer gut behandelt und gepflegt. Meine Eltern und meine Geschwister und auch meine liebsten Freundinnen wissen von allen Schwangerschaften. Meine Eltern fanden meine Entscheidung immer richtig.«

Eine Studentin, siebenundzwanzig Jahre, ohne Kinder,

schilderte ausführlich, wie hilfreich die Unterstützung ihrer Mutter für sie war:

»Also meine Mutter war in der Beziehung ganz toll. Seitdem habe ich auch ein ganz tolles Verhältnis zu ihr. Beim ersten Mal habe ich mich nicht getraut, ihr was zu sagen. Aber meine Mutter hat gemerkt, daß mit mir was los war. Mir ging es ja sehr schlecht in der Zeit. Ich konnte immer zu meiner Mutter. Sie hat mich nie bedrängt. Ich habe mich gefühlt wie ein kleines Kind. Ich konnte mich ausweinen, und sie hat es so hingenommen. Ich weiß, daß sie nicht hinter dem Abbruch steht. Sie hat immer gesagt, wenn ich mich für das Kind entscheide, dann hilft sie mir, wenn nicht, dann ist es eben meine Entscheidung. Das fand ich ganz toll. Sie war eine richtig liebevolle Mutter. Sie hat nie gesagt: ›Das passiert dir aber nicht wieder.‹ Auch nach dem dritten Abbruch nicht. Ich habe nicht gedacht, daß sie so ist. Die Freunde haben mir, obwohl sie alle viel jünger sind, Vorwürfe gemacht. Meine Mutter nicht. Sie hat gesehen, daß ich mir Gedanken gemacht habe. Sie hat nicht nur ihre Tochter, sondern auch eine Frau vor sich gehabt. Und sie hat gesehen, daß es einfach nicht stimmt, wenn andere Leute verbreiten, daß Abtreibung leichtfertig geschieht.«

Eine Angestellte, dreiunddreißig Jahre, mit einem Kind, spricht über den Zusammenhang zwischen ihrem eigenen Schicksal und dem ihrer Mutter:

»Außer meinem Freund weiß noch meine Mutter, daß ich zwei Abbrüche hatte. Sie findet das auch richtig für mich. Meine Freundin und eine enge Kollegin wissen es auch. Alle finden es ganz normal. Ich selber wurde ja auch beinahe abgetrieben. Meine Mutter hat sechs Kinder. Nachdem sie fünf hatte, wurde sie sehr herzkrank, und als sie dann wieder schwanger wurde, sagte man, sie solle das Kind auf keinen Fall kriegen. Sie war dann schon auf dem Weg ins Krankenhaus, war im sechsten Monat, und da sollte das noch beseitigt werden. *Ich* sollte beseitigt werden. Da spürte sie plötzlich Bewegungen und sagte sich: ›Ach, ich versuch es doch noch. So schlecht fühl ich mich eigentlich gar nicht, das schaff ich auch noch.‹ Sie kehrte um und fuhr nach Hause. Vielleicht lag es auch daran, daß sie immer sechs Kinder haben wollte. Nach meiner Geburt ging es ihr wieder viel besser. Wir haben darüber ganz oft gesprochen.«

Eigentlich könnten viele Frauen Verständnis und Unterstützung gerade bei ihren Müttern erwarten. Die Wahrscheinlichkeit, daß die eigene Mutter einen oder mehrere Schwangerschaftsabbrüche hinter sich hat, ist groß, gab es doch früher wesentlich mehr Abtreibungen als heute. Dennoch weihen die meisten Frauen ihre Mütter nicht ein, da sie Ablehnung und Vorwürfe befürchten. Ebenso selten wie die Töchter erzählen die Mütter über ihre Schwangerschaftsabbrüche. Wir machen immer wieder die Erfahrung, daß Mütter sehr viel häufiger unterstützend und verständnisvoll reagieren, wenn sie von den Abbrüchen ihrer Töchter erfahren, als diese es vermuten. Die befürchteten ablehnenden Reaktionen stellen sich dann oft als Phantasie heraus. Es ist also anzunehmen, daß mehr Frauen positive Erfahrungen machen könnten, wenn sie das Schweigen brechen würden.

Auffallend wenige Frauen berichteten von unterstützenden Reaktionen der Männer. Man sollte meinen, daß zumindest der Partner ihnen hilfreich zur Seite steht. Doch das ist nicht so. Einige Frauen äußerten sich empört und gekränkt über sein fehlendes Mitgefühl und seine mangelnde Mitverantwortung: Die Lust war geteilt, die Last hatte allein sie zu tragen.

Enttäuscht und im Stich gelassen fühlen sich die Frauen aber vor allem von ihren Freundinnen. Sie beklagen sich bitter über Vorhaltungen und geringe Bereitschaft, sich einzufühlen. Schmerzlich ist das besonders dann, wenn die beste Freundin als einzige mit Bedacht ausgewählt und eingeweiht wurde. Mit Leuten, von denen sie Kritik erwarten, reden die Frauen über ihre Abbrüche ohnehin oft nicht; um so tiefer wird die Ablehnung dann empfunden, wenn sie unerwartet kommt.

»Beim ersten Abbruch habe ich viel geredet, weil es eben eine völlig neue Erfahrung war, weil es nicht so kompliziert war, wie ich es mir vorgestellt hatte. Ich konnte mich dabei wirklich entspannen, es war erleichternd, sehr hilfreich, und das konnte ich auch erzählen. Meine Freundinnen reagierten negativ darauf, insbesondere die, die schon einen Abbruch hatten. Denn sie hatten unheimliche Schmerzen, hatten unheimlich gelitten, der psychische Druck hatte sie kaputtgemacht. Beim zweiten Mal haben sie dann schon gefragt, ob es sein muß. Beim dritten Mal habe ich es gar nicht mehr erzählt. Also ich glaube, daß sie mir zum Vorwurf machten, daß ich so oft abtreibe. Es sind ihre Ängste und ihr Wunsch, Kinder zu haben. Dagegen meine klare Entscheidung, keine Kinder haben zu wollen.«

Für sie waren nicht die Abbrüche das Belastende, sondern die Reaktionen ihrer Freundinnen. Sie meint, die Freundinnen projizieren ihr eigenes Leiden und wollen, daß sie ebenso reagiert wie sie selbst. Sie vermutet, sie könnten vielleicht eher mitfühlen, würde sie zumindest an ihrer Entscheidung, keine Kinder zu wollen, zweifeln.

»Ich habe mich mit einer guten Freundin beim letzten Abbruch ziemlich überworfen, weil sie das überhaupt nicht begriffen hat und mich dafür unheimlich angemacht hat. Weil sie geglaubt hat, ich wäre nun völlig leichtfertig. Ich setzte leichtfertig meine Gesundheit aufs Spiel.«

Mehrere Frauen berichteten, daß ihre Freundinnen sich über mögliche gesundheitliche Schäden durch die Abbrüche sorgten. Das ist nicht erstaunlich. Ärzte und Medien warnen immer wieder vor den angeblich großen gesundheitlichen Risiken beim Abbruch. Doch die Betroffenen erleben es nicht nur als Sorge um ihr Wohlergehen, denn bei anderen ungesunden Lebensweisen würden die Freundinnen vermutlich nicht so energisch intervenieren.

»Mit meinen Freundinnen war es ganz schlimm. Ein Abbruch geht ja noch. Obwohl da auch schon Vorwürfe kommen. Nach dem zweiten war es dann so schlimm, ich hatte das Gefühl, keiner hat Rücksicht auf meine psychische Verfassung genommen. Ja, sie haben mich fertiggemacht: ›Siehst du, mit deiner Verhütungsmethode, das haut doch sowieso alles nicht hin. Du kannst doch nicht dauernd schwanger werden.‹«

Erstaunlich ist das Mißtrauen, mit dem ihnen begegnet wird. Es richtet sich gegen ihre angebliche Unzulänglichkeit und nicht gegen die des Verhütungsmittels, die auch den Freundinnen bekannt sein dürfte. Und es gibt offenbar so etwas wie eine Verpflichtung, allerspätestens nach dem zweiten Abbruch zur Pille zu greifen.

Möglicherweise verbirgt sich hinter diesen Vorwürfen eine Form der Angstabwehr. Es ist beruhigender, davon auszugehen, ungewollte Schwangerschaften beruhten auf Fehlverhalten, als davon, daß es einem selbst genauso ergehen könnte. Wir kennen diesen Mechanismus auch bei anderen Unglükken, die Frauen widerfahren – bei Gewalt oder sexuellen Übergriffen. Die Nicht-Betroffenen können ruhiger leben, wenn sie unterstellen, das Opfer habe durch Unvorsichtigkeit oder Herausforderung zum Schaden selbst beigetragen.

Einige der Frauen, die von ihren Freundinnen nicht das erhoffte Verständnis erhielten, zogen sich gänzlich zurück. Daß andere Leute, die ihnen nicht nahestehen, verständnisvoll reagieren könnten, erwarteten sie von vornherein nicht. Sie redeten nicht über die Abbrüche und setzten sich somit nicht der Gefahr aus, beschimpft und verurteilt zu werden.

Eine Studentin, die in einem Seminar über den § 218 auch von ihren Abbrüchen erzählte, erlebte folgendes:

»Die meisten Leute können einen Abbruch schon tolerieren, aber wenn es dreimal oder viermal passiert, dann werden viele Leute schon richtig frech. So z. B. in meinem Seminar, da hat eine Frau mich als Mörderin beschimpft. Sie selber hat drei Kinder. Sie meinte, es wäre das gleiche, wenn sie ihre drei Kinder umbringen würde. Ich kann da nur wütend werden. Es betrifft mich irgendwie, aber ich bringe nicht meine dreijährigen Kinder um. Natürlich hat sie mir auch vorgeworfen, daß ich das als Verhütungsmethode benutze. Ich soll zurückstecken, und wenn ich schwanger bin, muß ich das hinnehmen. Sonst darf ich eben mit keinem Mann ins Bett gehen.«

Über die Erfahrung wiederholter Abtreibungen wird auch im Kontakt mit ÄrztInnen geschwiegen. Die meisten Frauen verleugnen die wirkliche Zahl der Abbrüche, selbst wenn sie danach gefragt werden.

Eine Frau, die sechs Abbrüche hatte:

»Bei Ärzten hab ich nie erzählt, wie viele ich wirklich gehabt habe. Ich hab immer einen oder zwei angegeben. Ich habe auch immer die Ärzte gewechselt, damit sie das nicht mitkriegen. Ich möchte keine Vorwürfe hören oder kluge Ratschläge. Ich denke, es ist besser zu sagen, daß man schon mal einen hatte, falls es mal Komplikationen gibt.«

Eine Frau beschrieb ihre massiven Befürchtungen, daß der Arzt ihres Vertrauens ihr Vorwürfe machen könnte:

»Ich war eigentlich immer bei meinem Frauenarzt. Er war

bei dem ersten Abbruch o. k. Er ist ja sehr lieb und nett. Beim zweiten Abbruch war es mir dann schon peinlich. Ich hatte Angst, daß er mir Vorwürfe machen würde. Hat er aber nicht. Und beim dritten Abbruch hab ich dann so gezittert, mir war so schlecht. Die Sprechstundenhilfe sagte mir: ›Er reißt Ihnen doch nicht den Kopf ab.‹ Ich habe gedacht, jetzt ist es aus. Er war aber immer freundlich.«

Einerseits führt die Angst vor Vorwürfen dazu, daß Abbrüche verschwiegen werden, andererseits ruft sie erst die befürchteten Schwierigkeiten im Kontakt hervor, ganz im Sinne einer sich selbst erfüllenden Prophezeiung. Es ist nicht mehr entscheidbar, was Erwartung und was Erfahrung ist.

»Oft hatte ich auch das Gefühl, daß ich von Ärzten schlechter behandelt wurde wegen der Abbrüche. Aber ich weiß nicht, ob ich mir das einbilde. Es ist halt oft so gewesen, daß ich schon wie ein getretener Hund da reinkam. Mit großer Angst, gefragt zu werden und sagen zu müssen, ich hatte soundso viele Abbrüche.«

Nur wenige Frauen geben selbstverständlich und selbstbewußt alle Abtreibungen an.

»Wenn ich zu einem Arzt gehe, dann gebe ich alle Schwangerschaften an. Ich bekunde damit, daß ich Vertrauen zu ihm habe. Wenn ich ihn nicht sympathisch finde, dann gehe ich sowieso gleich wieder.«

Keine der Frauen tat dem Arzt oder der Ärztin gegenüber so, als sei es ihr erster Abbruch. Einer oder zwei wurden immer »zugegeben«. Manche sind unsicher, ob ein vorausgegangener Abbruch nicht doch bei der Untersuchung festgestellt werden kann oder ob er gynäkologisch bedeutsam sein könnte.

Die ÄrztInnen berichten, wie vorsichtig die Frauen bei der Frage nach vorausgegangenen Abbrüchen sind.

»Wenn es einer war, sagen sie es, ohne zu zögern. Wenn es zwei waren, ein bißchen mit Bedenken. Wenn es allerdings mehr sind, dann werden sie schon vorsichtig.«

Für einige ÄrztInnen und Beraterinnen ist es ein Vertrauensbeweis, wenn Frauen wieder zu ihnen kommen:

»Ich freue mich oft, wenn sie wieder hierher kommen. Ich höre ja oft: Da kann ich nicht hin, da hatte ich schon mal einen Abbruch. Ich finde es positiv, wenn sie sich trauen, noch mal zu mir zu kommen.«

Allerdings hat das Verständnis seine Grenzen, die individuell ganz verschieden sind. Manchmal liegt sie bei zwei Abbrüchen, manchmal wird es akzeptiert, wenn eine Frau nach zwei oder drei Jahren wieder einen Abbruch wünscht.

Ein Frauenarzt: »Ich bin kein Richter. Ich versteh schon, daß es öfter vorkommt. Wenn man zweimal in die Situation gerät, das verstehe ich durchaus. Aber ich hatte eine Frau, die hatte zehn Abbrüche. Da hab ich gesagt, da muß doch was falsch sein.«

Auch für die befragten Frauen gibt es Grenzen: Die Zahl an Abbrüchen, die sie für sich selbst akzeptieren können, unterscheidet sich oft von der anderen Zahl, die sie nach außen vertreten. Für einige ist es nötig, schon den ersten Abbruch möglichst geheimzuhalten, andere geben drei Abbrüche noch zu. Ist die selbst gesetzte Grenze überschritten, werden die Abbrüche mit einem Tabu belegt, verheimlicht. Allerdings verschiebt sich die innere Grenze manchmal mit zunehmender Zahl der Schwangerschaften.

Auf der einen Seite erwarten und erfahren Frauen Vorwürfe, wenn sie mehrmals abgetrieben haben, und ziehen deshalb die Konsequenz, Abbrüche zu verheimlichen. Auf der anderen Seite haben sie oft das Gefühl, eine Grenze überschritten zu haben, und machen sich deshalb selbst Vorwürfe. Da drängt sich die Frage auf: Was genau wird eigentlich verheimlicht? Worin besteht eigentlich das Tabu des Abbruchs?

Wir können die Frage nicht abschließend beantworten, es scheint sich aber vorwiegend um die Abweichung von der Frauenrolle – sittsam und mütterlich – zu handeln.

»Je öfter es passiert, um so weniger Personen würde ich es erzählen. Zwei kann ich gut vertreten. Auch meiner Mutter gegenüber. Aber danach würde sie vielleicht sagen: ›Mein Gott, was ist denn das, ihr seid doch keine Kaninchen.‹ Für mich selber weiß ich, daß es öfter vorkommen kann, aber auf andere Leute, die vielleicht eine strengere Sexualmoral haben, da könnte es vielleicht schockierend wirken. Die könnten denken, daß ich hemmungslos drauflos mache.«

»Ich dachte immer, zweimal wird man nicht ungewollt schwanger. Die Frauen, denen das passiert, die haben jeden Tag einen anderen Mann. Das sind Frauen, die nehmen es mit der Sexualität lockerer. Dabei bin ich wirklich nicht so.«

Beide Frauen assoziieren häufige Abtreibungen mit »lockerer« oder »hemmungsloser« Sexualität. Um nicht in diesen Verdacht zu geraten, müssen mehrere Abbrüche verheimlicht werden. Bei den Vorhaltungen, von denen Frauen erzählen, war die ausschweifende Sexualität nicht dabei. Es kann aber sein, daß sie »mangelnde Konsequenz« oder »ich versteh das bei dir einfach nicht« als einen verklausulierten Vorwurf der Zügellosigkeit verstehen.

Bis auf eine Ärztin verneinten die »ExpertInnen« und »Laien« ausdrücklich, daß Mehrfachabbrüche ein Zeichen für häufigen Sexualverkehr seien. Wenn aber Begriffe wie »anrüchig«, »leichtfertig« und »nicht kontrolliert genug« fielen, könnten diese nicht doch auf eine zu lockere oder zügellose Sexualität zielen? Vielleicht kann ein solcher Vorwurf nicht so ohne weiteres ausgesprochen werden, um nicht in den Verdacht der Prüderie oder Sexualfeindlichkeit zu geraten.

Vor der sexuellen Liberalisierung war klar, daß Schwangerschaftsabbrüche u. a. tabuiert wurden, weil sie ein Beweis für gelebte Sexualität waren.

»Die Eltern durften es ja auf keinen Fall wissen, daß man Sexualität hatte. Die durften ja noch nicht einmal wissen, daß man einen Freund hatte. Meine Mutter hat mich mal eingesperrt, als sie rausgekriegt hat, daß ich einen Freund hatte. Sie hat zwar immer gesagt, wenn du kein Kind kriegen willst, wird dafür gesorgt. Aber das war eben gar nicht möglich, weil sie gegen Sexualität war.«

Mutterschaft und Pflichterfüllung gegenüber ihrer Familie, das zeichnet – neben der sexuellen Zurückhaltung – eine »richtige« Frau aus. Frauen, die mehrfach abtreiben, machen sich Sorgen, ob sie von diesem Idealbild abweichen und wie das von ihrer Umgebung bewertet wird.

»Meine Mutter weiß nichts von meinen Schwangerschaften. Ich weiß gar nicht, ob sie es moralisch verurteilen würde. Aber weil sie keine Enkelkinder hat, hätte ich das Gefühl, ich entziehe ihr diese Kinder.«

»Vielleicht kann ich leichter dazu stehen als andere Frauen, weil ich schon ein Kind habe. Es hängt so mit der Pflichterfüllung zusammen, die im Volk drinsteckt. Das kann man vielleicht doch nicht so ganz unterdrücken. So nach dem Motto, hier ist mein Kind, und das kann jeder wissen: ich will nun mal nicht mehr.«

Das Tabu, mit dem Mehrfachabbrüche belegt werden, ist natürlich eng verknüpft mit den herrschenden Moralvorstellungen.

Ein Arzt: »Schwangerschaftsabbrüche waren eigentlich immer gegen die landläufige Moral, obwohl es so viele gemacht haben. Aber alle haben es früher heimlich gemacht, und heute wird es auch unter den Teppich gekehrt. Es wird verheimlicht, weil es diese anerzogene Moralvorstellung gibt, daß Schwangerschaftsabbrüche was Schlechtes sind.«

Es ist aber nicht nur die anerzogene Moral, die das Tabu aufrechterhält, sondern auch das geltende Recht. Frauen, die eine Schwangerschaft abbrechen, werden nicht nur moralisch geächtet, sondern sind durch Gesetz mit Strafe bedroht. Unter diesen Bedingungen werden sie – auch wenn der Abbruch legal war – nicht ungehemmt über ihre Erfahrungen sprechen. Das gilt für Schwangerschaftsabbruch überhaupt, verstärkt jedoch für wiederholte Abbrüche, weil ja auch bei anderen Vergehen der »Rückfall« härter als die einmalige Tat bestraft wird.

In diesem Klima sind Frauen Ausnahmeerscheinungen, für die mehrere Schwangerschaftsabbrüche selbstverständlich zu ihrem Leben gehören und für die es ebenso selbstverständlich ist, darüber zu sprechen.

»Ich muß sagen, ich finde es gar nicht schlimm. Ich habe eine Freundin, die hat mir früher mal von einer erzählt, die *drei* Abbrüche hatte, irgendwie, als sei es was Besonderes oder was Schlimmes. Als sie dann hörte, daß ich auch drei hatte, hat sie begriffen, daß es normal ist. Wenn man darüber nachdenkt, ist es klar, daß es auch dreimal oder öfter passieren kann.«

»Mir sind auch schon fünf Fahrräder geklaut worden...«

Biologin, siebenundzwanzig Jahre, kein Kind, drei Abbrüche

Bisher hatte ich drei Schwangerschaftsabbrüche. Beim ersten war ich zwanzig Jahre alt, dann mit vierundzwanzig, und beim letzten war ich sechsundzwanzig. Ich war jedesmal von demselben Mann schwanger. Zeitweise waren wir nicht befreundet und dann wieder doch. Witzigerweise war es immer der. Inzwischen sind wir getrennt.

Früher war mir völlig klar, daß ich Kinder will. Aber inzwischen bin ich mir da nicht mehr so sicher. Klar ist, daß ich *jetzt* keine will.

Die erste Entscheidung zum Abbruch war für mich ganz locker. Ich hab überhaupt nicht drüber nachgedacht, das Kind vielleicht zu kriegen. Das zweite Mal hab ich gedacht, daß es irgendwie auch komisch ist und daß es mir vielleicht doch nicht so leicht fällt. Da war ich ja auch schon älter und habe schon mal überlegt, ob ich vielleicht Kinder haben will. Außerdem wollte ich gerade Examen machen. Beim dritten Mal, vor einem Jahr, da hab ich bestimmt zwei Wochen lang überlegt. Ich hatte mich dann entschieden, es zu kriegen, hab dann zwei Nächte drüber geschlafen und mich doch wieder anders entschieden. Heute bin ich sehr froh über die Entscheidung; es wäre schrecklich gewesen. Am Schluß war ich mir auch ganz sicher. Da hab ich auch keine Sekunde mehr gedacht, es könnte falsch sein.

Es war so, daß mein Freund und ich uns gerade getrennt hatten. Wir hatten uns nur noch ab und zu mal gesehen. Ich wußte, daß ich auf keinen Fall mit ihm zusammenleben will. Ich hätte das Kind alleine kriegen müssen. Er hat immer betont, daß ich das Kind haben könne, er würde mir helfen und mich unterstützen, aber nicht mit mir zusammenleben. Es wäre halt so eine geldliche Unterstützung gewesen. Wir hatten uns endlich voneinander gelöst, und ein Kind hätte wieder ein Band geschaffen, was ich nicht will. Ich könnte es ja nicht vergessen, daß er der Vater ist. Es war klar, daß die Trennung endgültig ist, sie war eigentlich gut geglückt. Wir verstehen uns heute auch noch gut. Es ist natürlich auch verlockend, dann noch mal wieder. Du hast dann so eine Macht über den anderen. Solche Gründe spielen im Entscheidungsprozeß mit. Unterschwellig. Aber irgend jemand warnt einen dann ja auch. Doch man braucht längere Zeit, um das klarzukriegen.

Beim ersten Abbruch war ich ziemlich erstaunt, wie viele andere Frauen auch schon einen Abbruch hatten. Das sind ungeheuer viele, von denen ich das vorher gar nicht wußte. Meine engeren Freunde wissen alle, daß ich drei Abbrüche hatte. Vorwürfe hat mir niemand gemacht. Ich würde es natürlich nicht Leuten erzählen, von denen ich weiß, daß für sie ein Schwangerschaftsabbruch das allerletzte ist. Aber solche Leute kenne ich eigentlich nicht.

Ich könnte mir vorstellen, daß ich nicht mit jemandem drüber sprechen würde, den ich sehr gerne mag, mit dem ich es mir nicht verscherzen möchte und für den es der totale Mord ist.

Für mich ist es auch ein Töten. Aber ich töte jeden Tag Tiere, die ich eigentlich auch gerne mag. Ich töte eine Fliege an der Wand. Ich würde nichts totmachen um des Totmachens willen. Aber wenn es aus irgendwelchen Gründen halt besser ist, würde ich es tun.

Ich muß sagen, ich finde es gar nicht schlimm. Ich habe eine Freundin, die hat mir früher mal von einer erzählt, die drei Abbrüche hatte, irgendwie, als sei es was Besonderes oder Schlimmes. Als sie dann hörte, daß ich auch drei hatte, hat sie begriffen, daß es normal ist. Wenn man drüber nachdenkt, ist es klar, daß es auch dreimal oder öfter passieren kann.

Meine Befürchtung vor dem dritten Eingriff war, daß es gesundheitlich schädlich sei. Daß man, wenn man ein Kind haben will, leichter einen spontanen Abgang hat. Es ist so die Idee, daß es ein künstlicher Eingriff ist. Man hat die Vorstellung, je mehr künstliche Eingriffe in ein System gemacht werden, um so schlechter ist es.

Irgendwie finde ich, daß es zu mir paßt, öfter ungewollt schwanger zu werden. Ich bin so daddelig in manchen Sachen. Mir sind auch schon fünf Fahrräder geklaut worden, und ich war jedesmal zu faul, sie in den Keller zu stellen. Ich kenne Leute, die finden das unverständlich, daß man sich so viele Fahrräder klauen lassen kann. Die gehen damit anders um. Die würden immer daran denken, daß es ja geklaut werden könnte, und würden es nicht einfach mal irgendwo hinstellen. Ich bin mir sicher, daß solche Frauen auch nicht ungewollt schwanger werden.

Normalerweise verhüte ich mit Diaphragma. Und mitunter passiert es, daß ich einfach keine Lust habe, es zu nehmen. Besonders, wenn es eine Situation ist, die ich nicht stören will. Es könnte sein, daß sich die Stimmung dadurch verändert. Nicht weil es unangenehm wäre zu verhüten, aber du mußt deine Ratio einschalten und sagen: Stop, jetzt gehe ich und hole das Diaphragma. Und wenn die Situation so toll ist, kann es passieren, daß ich das nicht will.

Deshalb ist klar, daß ich öfter schwanger werde als andere. Ich bin eigentlich nie krank, ein gesunder Mensch und werde deshalb auch schwanger. Es ist einfach ein normales biologisches Funktionieren. Ich finde das ganz angenehm. Mein Körper funktioniert gut, so wie er sollte. Die Abbrüche sind die Quittung dafür. Es gibt ja Leute, die jahrelang versuchen, Kinder zu zeugen, und es funktioniert nicht.

Ob ich verhüte oder nicht, hängt auch von dem Mann ab. Es gibt Männer, wo ich nicht verhüten würde. Da würde ich denken, das stört jetzt, weil das ein Typ ist, der damit nicht umgehen kann. Und ich kann nicht damit umgehen, daß er nicht damit umgehen kann.

Bei meinem früheren Freund war das anders. Da hätte ich es immer nehmen können. Aber mitunter gab es Situationen... Vor der letzten Schwangerschaft war ich lange weggewesen, bin zurückgekommen, habe ihn gesehen, und dann war es etwas ganz Besonderes. Es hing mit dieser Situation zusammen.

Mit dem Diaphragma verhüte ich schon lange. Vor sieben Jahren hab ich Temperatur gemessen. Ich hab einen ganz regelmäßigen Zyklus. Wenn ich meinen Eisprung habe, merke ich immer so einen Schmerz.

Nach dem ersten Abbruch habe ich die Pille genommen. Ich habe wahnsinnige Kopfschmerzen gekriegt, und ich habe sonst nie Kopfschmerzen. Ich habe gedacht, ich hätte einen Gehirntumor oder so was. Ich hab die Pille abgesetzt und habe es nie wieder gehabt.

Ich bin dann aufs Diaphragma umgestiegen. Ich glaube, viele Frauen gehen mit dem Diaphragma so um wie ich. Wenn ich davon ausgehe, daß ich nicht fruchtbar bin, daß nichts passieren kann, dann nehme ich es auch nicht. Wenn man es sich genau überlegt, wäre es vernünftiger, es immer zu nehmen, weil ich es hasse, schwanger zu sein. Ich fühl mich unwohl und kann nichts tun. Man ist irgendwie machtlos. Du wirst ja ständig daran erinnert. Insofern wäre es vernünftiger, es immer zu nehmen. Aber wenn der Abbruch dann länger her ist, vergesse ich das. Das ist nicht mehr so wirksam... Ich habe nicht mehr so unangenehme Erinnerungen daran.

Im Prinzip verhüte ich heute genauso wie vor den Abbrüchen. Und doch gibt es einen Unterschied. Die letzten beiden Male, als ich schwanger wurde, wußte ich ganz genau, wenn du jetzt nicht verhütest, wirst du schwanger, und ich hab es trotzdem gelassen. Das würde ich heute nicht mehr machen. Ich will es einfach nicht mehr. Ich putz auch meine Zähne, damit der Zahnarzt nicht bohrt. Vielleicht wird man in einigen Sachen einfach vernünftiger. Ich weiß es nicht. Ich hab mich auch bei den Fahrrädern geändert. Mir wird keins mehr geklaut. Ich trage sie in den Keller, weil ich keinen Bock mehr drauf hab. Allerdings ist es noch nicht *so* lange her, daß mir das letzte geklaut wurde [lacht].

Schwangerschaftsabbruch ist kein beliebiger medizinischer Eingriff, vielmehr ist er Gegenstand von intensiver politischer und moralischer Auseinandersetzung. Anfang der neunziger Jahre scheint er eines der wichtigen politischen Themen zu sein, kaum jemand ist ohne entschiedene Meinung dazu.

Schwangerschaftsabbruch ist bis heute eine strafbare Handlung, und die geltende Indikationsregelung erlaubt nur unter gewissen Bedingungen Ausnahmen von der Strafbarkeit. Nicht nur das Gesetz und das Bundesverfassungsgericht gehen vom Unrecht der Abtreibung aus. In der katholischen Kirche wird Schwangerschaftsabbruch sogar als ein schwerwiegenderes Verbrechen angesehen, als der Mord an einem Menschen. Abtreibung ist nach der Neufassung des kanonischen Rechts von 1986 mit den gleichen Kirchenstrafen belegt wie der Papstmord.

Seit einigen Jahren gibt es in der Bundesrepublik eine Kampagne zum »Schutz des ungeborenen Lebens«, mitgetragen von der Bundesregierung. Die Bevölkerung hat angeblich nicht das richtige Bewußtsein; sie soll dahin geleitet werden zu erkennen, daß Abtreibung unrecht, unmoralisch und schuldhaft ist. Die innere Anpassung an die äußeren Vorschriften wird angestrebt.

So war es schon immer: Frauen haben trotz Verbot abgetrieben, sich nach ihrer eigenen Moral und ihren eigenen Umständen gerichtet. Die sind höchst verschieden, auch wenn ein Abbruch für die meisten Frauen »irgendwie« ein unmoralischer Akt ist. Seit der Änderung des § 218 ist vielen Frauen nicht mehr gegenwärtig, daß Abbruch noch immer eine Straftat ist. Sie wissen zwar, daß »es« nicht richtig ist, daß man Erlaubnisse und Bescheinigungen braucht, daß es besser ist, nicht darüber zu reden – aber mit wirklicher Strafverfolgung rechnete vor den Memminger Abtreibungsprozessen 1988/89 kaum eine Frau. Tatsächlich ist ja auch die Konstruktion des § 218 StGB erstaunlich: Es gibt keinen anderen Straftatbestand, der durch ärztliche Genehmigung und Vorlage von Bescheinigungen rechtmäßig wird. Dies wird bis in bürokratische Einzelheiten hinein im Strafgesetzbuch geregelt.

Dem mangelnden Unrechtsbewußtsein will die Kampagne der »Lebensretter« abhelfen. Es werden neue Sprachmuster eingeführt: »Tötung ungeborener Kinder« heißt der Abbruch nun, und es ist nicht mehr von der schwangeren Frau, sondern von der »Mutter« die Rede; und es werden neue Bilder vorgeführt: die Leibesfrucht wird aus der biologisch-sozialen Einheit mit der schwangeren Frau isoliert und als freischwebender Beinahe-Mensch vielfach vergrößert verbreitet. Von Plakatwänden, in Hochglanzbroschüren und in Propagandafilmen tritt er uns als scheinbar eigenständiges Wesen entgegen, mal rosarot und rührend, mal zerstückelt und abstoßend – jedesmal als Warnung vor der Roheit der Frauen.

So wie in der Vergangenheit die »Jungfräulichkeit« als das »höchste Gut« der Frau beschworen wurde, gilt heute den Konservativen »das ungeborene Leben« als das »allerhöchste Rechtsgut«. Jungfernhäutchen und Embryo sind beide unsichtbar, im Körper der Frau; mit ihnen soll ihre Sexualität in Schach gehalten werden.

Nach allgemeiner Meinung handeln Frauen, die mehrmals abtreiben, in höchstem Maße unmoralisch. Es stellt sich die Frage, ob diese Frauen völlig unberührt davon sind? Hat Schwangerschaftsabbruch für sie nichts mit Moral zu tun?

Wir suchten in den Interviews nach »moralischen« Sätzen und fanden eine große Bandbreite unterschiedlichster Äußerungen zum Schwangerschaftsabbruch. So verschieden kann Moral sein.

»Ich habe oft das Gefühl, du darfst das nicht tun, das ist unnatürlich. Ich greife in einen Prozeß ein, in den man eigentlich nicht eingreifen sollte.«

»Solange man davon überzeugt ist, daß man kein Kind haben will, und das einem keine Probleme macht, kann man es als Verhütungsmethode betrachten.«

»Für mich ist es auch ein Töten. Aber ich töte jeden Tag Tiere, die ich eigentlich auch gerne mag. Ich töte ein Fliege an der Wand. Ich würde nichts totmachen um des Totmachens willen. Aber wenn es aus irgendwelchen Gründen besser ist, würde ich es tun.«

»Für mich sind die Abtreibungen ein wiederkehrendes Unglück in meinem Leben gewesen oder ein Fluch. Aber keine Schuld. Es hatte wenig mit Moral zu tun.«

»Weil ich Christin bin, hatte ich sehr große Schwierigkeiten. Ich mußte mich durchringen und an meine Verantwortung und an mich denken.«

»Dann denke ich, meine Güte, jetzt warte ich noch sieben Monate, und dann ist es ein richtig lebendiges Kind. Das finde ich schwierig.«

»Es hat nichts mit Leben töten, Leben vernichten zu tun. Im allgemeinen besteht die Ansicht bei uns, daß es erst dann Leben ist, wenn es auch alleine leben kann, und das ist nach der Abnabelung von der Mutter. Vorher ist es ein Stück von ihrem Körper, von ihr selber und mit ihr verbunden.«

»Das Schlimmste wäre, ein Kind zu kriegen, nur weil man denkt, man ist sonst eine Mörderin. Eine Frau, die ein Kind kriegt, die muß das auch wollen, die muß es sich zutrauen.«

Frauen haben eine Haltung zu ihrer Fruchtbarkeit und zum Schwangerschaftsabbruch, die sie in den Stand setzt zu entscheiden. Ihre Moral, in all ihren verschiedenen Aspekten, hat nichts oder nicht viel mit der herrschenden Moral zu tun. Offensichtlich sind sich die Frauen aber der Lebensentscheidung, die sie zu treffen haben, bewußt und treffen sie verantwortlich.

Die Frauen sind »unmoralisch« in dem Sinne, daß sie die äußeren Vorschriften, die gesetzlichen Regelungen nicht verinnerlicht haben, sie nicht als eigenes Gewissen in sich tragen.

Jeder einzelne Schwangerschaftsabbruch ist für die Frau ein Ereignis für sich, eingerahmt von bestimmten Lebensumständen. Vielfach kann sie sich gar nicht nach dem moralischen Überbau und dem Makel, der auf Abtreiberinnen fällt, richten, weil ihre Gründe, diese Schwangerschaft nicht auszutragen, trotz möglicher moralischer Bedenken bestehen bleiben. Aber auch wenn die Entscheidung eindeutig ist, geht es für sie oft darum, Rechtfertigungsgründe vor sich und anderen zu finden, um moralisch akzeptabel zu erscheinen. Diese zu finden ist um so schwieriger, je öfter »es« passiert.

»Ich möchte ein Kind, aber ich möchte es jetzt nicht. Es wäre für mich jetzt nicht gut und für das Kind auch nicht. Vor allen Dingen für mich nicht. Das waren auch meine Schuldgefühle, daß ich jedesmal dachte, ich bin zu egoistisch. Du tust was Böses, was Verbotenes. Alleine schon, daß man eine Indikation braucht, daß ich mich rechtfertigen muß, warum ich dieses Kind nicht haben will. Es hätte ja einfach gereicht: Ich will es nicht. Aber das versteht die ganze Umwelt einfach nicht. Und schon gar nicht mehrmals.«

In den meisten unserer Nachbarländer wurde in den vergangenen fünfzehn bis zwanzig Jahren die Abtreibungsstrafe verringert oder ganz aufgehoben. Inzwischen wurden bei uns – nach halbherziger Legalisierung des Abbruchs – die Hürden wieder vergrößert, angeblich um Frauen von Schwangerschaftsabbrüchen abzuhalten. Erreicht wird mit maßregelnden Gesetzen, mit Verboten, mit dem Tötungsvorwurf, daß Frauen unter Schuldgefühlen leiden und den Abbruch heimlich machen; erreicht wird kein Anstieg der Geburtenzahlen und kein Rückgang der Abtreibungen. Ketting und van Praag stellen fest: »Verschiedene Angaben weisen darauf hin, daß das Geburtenniveau kaum von den vorhandenen Abbruchmöglichkeiten beeinflußt wird. Es ist anzunehmen, daß dieses Niveau vornehmlich durch die angestrebte Familiengröße bestimmt wird. Diese kann sowohl mit der Anwendung effektiver Verhütungsmethoden, als auch mit dem Schwangerschaftsabbruch realisiert werden. Die Abbruchhäufigkeit ist nicht an erster Stelle das Komplement des Geburtenniveaus. Das bedeutet, daß die Gesetzgebung, auch wenn sie es gerne möchte, kein brauchbares bevölkerungspolitisches Instrument darstellt.« [15]

Aus vielen Beratungen und aus den Interviews wissen wir, daß Frauen große Angst vor den psychischen und physischen Folgen des Abbruchs haben. Die Angst wird häufig noch größer, wenn es nicht der erste Abbruch ist.

Meist gehen die befürchteten Folgen weit über die tatsächlich zu beobachtenden Komplikationen hinaus. Wenn ein Schwangerschaftsabbruch früh und schonend gemacht wird, d. h. bis zur achten Woche und mit Vakuumaspiration, besteht kein erhöhtes Risiko bei späteren Schwangerschaften. Während des Eingriffs kommt es äußerst selten zu Komplikationen [16], und das Risiko erhöht sich nicht bei wiederholten Eingriffen. Dennoch warnen auch Ärzte, aus Unkenntnis oder als Abschreckung, noch immer vor den großen gesundheitlichen Gefahren des Abbruchs.

Früher dagegen waren die Abtreibungen mit erheblichen Risiken verbunden, denn sie wurden sehr viel später gemacht und mit gesundheits- und lebensgefährdenden Methoden. Ganz besonders besorgt über die psychische und physische Gesundheit der Frauen zeigen sich heute die Kirchenvertreter und Ärzte, die gleichzeitig Abtreibungsgegner sind. Dabei ist verwunderlich, daß damals, als Frauen an den Folgen des Schwangerschaftsabbruchs schwer erkrankten und sogar starben, die Kirche und die Ärzteschaft sich diese Sorgen nicht machten. Als Abtreibung illegal war, hat die Gesundheit und das Seelenheil der Frauen nicht interessiert. Obwohl heute die Abtreibung so schonend möglich ist wie nie zuvor, werden die Folgen maßlos übertrieben. Besonders die psychischen Leiden werden mit triumphaler Gewißheit ausgemalt: So werden Untersuchungen zitiert, die nachgewiesen haben wollen, daß 100 % der Abtreiberinnen an schwerwiegenden seelischen Störungen leiden, die häufig nicht heilbar seien und spätestens im Klimakterium zum Ausbruch kämen. Von einem »heimtückischen Krankheitserreger« ist da die Rede. Der Eifer, mit dem die Gefahren beschworen werden, dient nicht etwa dazu, die Frauen davor zu bewahren oder ihnen Hilfe und Heilung zu schaffen, sondern allein zur Angstmache: »Unsere Seele läßt nicht mit sich spaßen – niemand treibt ungestraft ab. Aber die Strafe muß nicht vom Staat kommen.« [17]

Solche Drohungen führen bei den Frauen zu Ängsten um ihre Gesundheit, sie fürchten Sterilität, spätere Fehlgeburten, anhaltende Schuldgefühle oder Depressionen. Bei vielen mischt sich die Angst vor den gesundheitlichen Risiken mit der Befürchtung, für ihre verwerflichen Taten irgendwie büßen zu müssen. Das wird am Beispiel einer der befragten Frauen deutlich, die bisher sechs Abbrüche hatte und dabei nie Entscheidungsschwierigkeiten. Sie meint, daß Abtreibung eine gute Möglichkeit sei, wenn die Verhütung versagt. Sie nimmt lieber eine Abtreibung in Kauf, als ständig die Pille zu nehmen, die sie für schädlich hält. »Es ist so widersprüchlich. Ich denk, wenn ich in zehn oder zwanzig Jahren mal Krebs kriegen sollte, dann würde ich das eventuell auf die Abbrüche zurückführen. Oder wenn ich mal irgendwann ein Kind haben wollte, und dann Komplikationen kommen könnten.«

Angst vor Strafe scheint auch ein Arzt zu haben, der

Schwangerschaftsabbrüche in seiner Praxis durchführt und sich für die Streichung des § 218 aus dem Strafgesetzbuch einsetzt: »Irgendwie hab ich immer Angst, daß mal was passiert. Man sollte das Schicksal nicht zu oft herausfordern. Es kann sein, daß diese Fruchtbarkeit instinktiv für die Menschen ein wertvolles Gut ist. Daß eine Frau einfach weiß, meine Fruchtbarkeit ist mir das Allerheiligste. Vom Instinkt und von der Erhaltung der Art her. Und das wirft man eben doch nicht einfach weg. Einmal vielleicht schon, aber nicht ständig. Das geht ja gegen das Wesen des Menschen.«

Für ihn ist Abtreibung nicht nur die medizinische Notbremse, wenn Verhütung versagt hat, sondern ein Eingriff in das Wesen des Menschen. So ist seine Unsicherheit erklärlich, die er bei weitaus komplizierteren medizinischen Hilfeleistungen – etwa Entbindungen – nicht verspürt.

Viele Frauen geraten unweigerlich in ein Dilemma: Sie sind fruchtbarer, als es ihrem und ihres Partners Kinderwunsch entspricht. Fruchtbarkeit wird einerseits als etwas Positives angesehen, und Schwangerschaft gilt als ein natürlicher Prozeß, in den nicht eingegriffen werden sollte. Würden die Frauen jedoch jede Schwangerschaft austragen, würde man ihnen andererseits stirnrunzelnd und nicht gerade wohlwollend begegnen. Eine Alleinerziehende mit sechs Kindern? Sie würde sicher keine gesellschaftliche Anerkennung genießen.

Nicht nur Fruchtbarkeit und Schwangerschaft werden positiv gewertet, heute gehört zum Bild eines gesunden Menschen die lustvolle Sexualität mit dem anderen Geschlecht. Die möglichen Konsequenzen aber – viele Kinder oder Abbrüche – sind nicht in gleichem Maße moralisch und sozial anerkannt.

Die Sexualmoral hat sich gewandelt. Früher galt es, Sexualität zu vermeiden, wenn es nicht zur Schwangerschaft kommen durfte. Die moralische Verurteilung richtete sich vorrangig gegen die verbotene Sexualität, die durch die Schwangerschaft offenkundig werden konnte. Heute gilt der Vorwurf der Abtreibungsgegner dem mangelnden »Schutz des ungeborenen Kindes«. Doch es gibt noch eine weitere moralische Kategorie, der nur schwer zu entsprechen ist. Es herrscht der Anspruch, perfekt zu verhüten *und* gesund zu leben. Unmoralisch ist nicht mehr die Sexualität, sondern unmoralisch ist es, nicht erfolgreich verhütet zu haben. Dieser Forderung widerspricht zuweilen der Anspruch nach gesunder Lebensführung, da »sichere« Verhütungsmittel wie Pille und Spirale vielfach als gesundheitsschädlich und unnatürlich abgelehnt werden. Perfekt und gesund ist die Frau nur dann, wenn sie »natürlich« verhütet und nur schwanger wird, wenn sie es wünscht. Klappt das nicht, und möglicherweise sogar mehrmals nicht, begegnen Frauen dem Vorwurf, ihrem Körper und ihrer Seele Gewalt anzutun. Eine Psyhotherapie scheint angezeigt.

Moralische Normen – bezogen auf die Sexualität von Frauen – galten früher wie heute. Die Moral hat sich nur verschoben.

Und so kann eine Antwort auf die eingangs gestellte Frage »Warum sind mehrere Abbrüche verwerflicher als einer?« lauten: Diese Frauen verhalten sich nicht der Norm, der Moral entsprechend. Denn ein Abbruch als Notbremse ist vertretbar, aber dann...

Es wäre realistisch und frauenfreundlich, anzuerkennen, daß ein gewisser Anteil an Verhütung mißlingt und es deshalb ungewollte Schwangerschaften – und eben auch wiederholte – gibt. Unsere Studie belegt, was Verstand und Nächstenliebe nahelegen: Frauen versuchen ungewollte Schwangerschaften zu vermeiden, wenn aber trotzdem eine eingetreten ist, dann kann am ehesten die Frau selbst darüber entscheiden. Schwangerschaftsabbruch bleibt eine Folge von Sexualität, von nicht angewandter oder fehlgeschlagener Verhütung und ist eine von zwei möglichen Lösungen eines Problems.

Anmerkungen

1 Evert Ketting/Philip van Praag, »Schwangerschaftsabbruch – Gesetz und Praxis im Internationalen Vergleich«, dgvt 1985, S. 174

2 Vgl. Tietze, Henshaw, »Repeat Abortion«, in: »Induced Abortion. A World Review«, 1986, S. 117

3 Berger u. a., »Repeat Abortion: Is it a Problem?«, in: »Familiy Planning Perspectives«, Vol. 16, Nr. 2, 1984

4 ebenda, Berger u. a., S. 74

5 Vgl. Willy Pasini, »Psychosomatik in Sexualität und Gynäkologie«, Hippokrates Verlag, Stuttgart 1980

6 ebenda, Pasini, S. 196 f.

7 Vgl. Gerd Döring et. al., »Ergebnisse einer repräsentativen Umfrage zum Familienplanungsverhalten in der Bundesrepublik Deutschland«, in: »Geburtshilfe und Frauenheilkunde 46«, 1986

8 Nach einer repräsentativen Umfrage des Emnid-Instituts zur Verhütungspraxis in der Bundesrepublik Deutschland im Jahre 1985 benutzen 38,4 % der Frauen die Pille und 10,3 % die Spirale. Das Diaphragma wird von 2,1 % benutzt und das Kondom von 5,9 % der Partner, Quelle: Döring et. al., a. a. O.

9 Vgl. Elsbeth Meyer, »Enthüllungen – Männer über Verhütung, Kinderkriegen, Abtreibung, Sexualität«, Rowohlt, Reinbek 1986

10 Ketting/van Praag, a. a. O., S. 171

11 Vgl. Boston-Studie, Digest, »Abortion Doesn't Impair The Ability Of Women To Become Pregnant«, in: »Family Planning Perspectives«, Vol. 17, Nr. 1, 1985

12 Vgl. Steinhoff u. a., »Women who obtain repeat abortions: a Study based of record linkage«, in: »Family Planning Perspectives«, Vol. 11, Nr. 1, 1979

13 Ketting/van Praag, a. a. O., S. 256

14 Vgl. Steinhoff u. a., a. a. O.

15 Ketting/van Praag, a. a. O., S. 250

16 Untersuchung der Familienplanungszentren über medizinische Risiken des Schwangerschaftsabbruchs, 1990

17 Franz Alt, »Spiegel«, Nr. 20, 15. 5. 1989, S. 26

Literatur

Berger u. a., »Repeat Abortion: Is it a Problem?«, in: »Family Planning Perspectives«, Vol. 16, Nr. 2, 1984

Boston-Studie, Digest, »Abortion Doesn't Impair The Ability Of Women To Become Pregnant«, in: »Family Planning Perspectives«, Vol. 17, Nr. 1, 1985

Gerd Döring et. al., »Ergebnisse einer repräsentativen Umfrage zum Familienplanungsverhalten in der Bundesrepublik Deutschland«, in: »Geburtshilfe und Frauenheilkunde 46«, 1986

Albin Eser / Hans-Georg Koch (Hrsg.) »Schwangerschaftsabbruch im internationalen Vergleich – Soziale Rahmenbedingungen – Empirische Grunddaten«, Nomos Verlagsgesellschaft, Baden-Baden 1988

John Irving, »Gottes Werk und Teufels Beitrag«, Diogenes Verlag, Zürich 1988

Evert Ketting / Philip van Praag, »Schwangerschaftsabbruch – Gesetz und Praxis im Internationalen Vergleich«, dgvt 1985

Elsbeth Meyer, »Die Freundinnen haben das Wort«, Forschungsbericht aus dem Familienplanungszentrum Hamburg, in: Susanne v. Paczensky / Renate Sadrozinski (Hg.), »§ 218: Zu Lasten der Frauen«, Rowohlt, Reinbek 1988

Elsbeth Meyer, »Enthüllungen – Männer über Verhütung, Kinderkriegen, Abtreibung, Sexualität«, Rowohlt, Reinbek 1986

Susanne v. Paczensky, »Gemischte Gefühle – von Frauen, die ungewollt schwanger sind«, Beck'sche Reihe, München 1987

Susanne v. Paczensky / Renate Sadrozinski (Hg.), »§ 218: Zu Lasten der Frauen«, Rowohlt, Reinbek 1988

Willy Pasini, »Psychosomatik in Sexualität und Gynäkologie«, Hippokrates Verlag, Stuttgart 1980

Steinhoff u. a., »Women who obtain repeat abortions: a study based on record linkage«, in: »Family Planning Perspectives«, Vol. 11, Nr. 1, 1979

Tietze, Henshaw, »Repeat Abortion«, in: »Induced Abortion. A World Review«, New York 1986

Charlotte Worgitzky, »Meine ungeborenen Kinder«, Knaur Verlag, München 1982

Die Frau in der Gesellschaft

Band 3754

Band 4740

Band 4730

Elisabeth
Beck-Gernsheim

Das halbierte Leben
Männerwelt Beruf –
Frauenwelt Familie
Band 3713

**Vom Geburtenrück-
gang zur Neuen
Mütterlichkeit?**
Band 3754

**Mutterwerden –
der Sprung in ein
anderes Leben**
Band 4731

Renate Berger (Hg.)
**Und ich sehe nichts,
nichts als die Malerei**
Autobiographische
Texte von
Künstlerinnen des
18.-20. Jahrhunderts
Band 3722

Gisela Breitling
Der verborgene Eros
Weiblichkeit und
Männlichkeit im Zerr-
spiegel der Künste
Band 4740

Susan Brownmiller
Gegen unseren Willen
Vergewaltigung und
Männerherrschaft
Band 3712

Weiblichkeit
Band 4703

Eva Dane / Renate
Schmidt (Hg.)
**Frauen & Männer
und Pornographie**
Ansichten –
Absichten – Einsichten
Band 10149

Andrea Dworkin
Pornogaphie
Männer beherrschen
Frauen
Band 4730

Richard Fester /
Marie E.P. König /
Doris F. Jonas /
A. David Jonas
Weib und Macht
Fünf Millionen Jahre
Urgeschichte der Frau
Band 3716

Shulamith Firestone
**Frauenbefreiung und
sexuelle Revolution**
Band 4701

Nancy Friday
**Wie meine Mutter
My Mother my self**
Band 3726

Fischer Taschenbuch Verlag

Die Frau in der Gesellschaft

Band 4716 Band 4702 Band 3700

Signe Hammer
Töchter und Mütter
Über die Schwierig-
keiten einer Beziehung
Band 3705

Nancy M. Henley
Körperstrategien
Geschlecht, Macht
und nonverbale
Kommunikation
Band 4716

Marielouise
Janssen-Jurreit
Sexismus
Über die Abtreibung
der Frauenfrage
Band 3704

Monika Jonas
Behinderte Kinder –
behinderte Mütter?
Die Unzumutbarkeit
einer sozial arrangierten
Abhängigkeit
Band 4756
(in Vorbereitung)

Linda Leonard
Töchter und Väter
Heilung einer
verletzten Beziehung
Band 4745
(in Vorbereitung)

Harriet Goldhor Lerner
Wohin mit meiner Wut?
Neue Beziehungsmuster
für Frauen
Band 4735

Jean Baker Miller
Die Stärke
weiblicher Schwäche
Band 3709

Margarete Mitscherlich
Die friedfertige Frau
Eine psychoanalytische
Untersuchung zur
Aggression der
Geschlechter
Band 4702

Erin Pizzey
Schrei leise
Mißhandlung in der
Familie
Band 3404

Penelope Shuttle /
Peter Redgrove
Die weise Wunde
Menstruation
Band 3728

Uta van Steen
Macht war mir
nie wichtig
Gespräche mit
Journalistinnen
Band 4715

Gerda Szepansky
»Blitzmädel«,
»Heldenmutter«,
»Kriegerwitwe«
Frauenleben im
Zweiten Weltkrieg
Band 3700

Fischer Taschenbuch Verlag

fi 14 / 1b

Die Frau in der Gesellschaft

Band 3769

Band 3770

Band 3768

Gerhard Amendt
Die bevormundete Frau
oder Die Macht der
Frauenärzte
Band 3769

Hansjürgen Blinn (Hg.)
Emanzipation und
Literatur
Texte zur Diskussion –
Ein Frauen-Lesebuch
Band 3747

Colette Dowling
Der Cinderella-Komplex
Die heimliche Angst
der Frauen vor der
Unabhängigkeit
Band 3068

Uta Enders-Dragässer/
Claudia Fuchs (Hg.)
Frauensache Schule
Aus dem deutschen
Schulalltag: Erfahrungen,
Analysen, Alternativen
Band 4733

Marianne Grabrucker
»Typisch Mädchen …«
Prägung in den ersten
drei Lebensjahren
Band 3770

Michaela Huber/
Inge Rehling
Dein ist mein
halbes Herz
Was Freundinnen
einander bedeuten
Band 4727

Astrid Matthiae
Vom pfiffigen Peter
und der faden Anna
Zum kleinen Unterschied
im Bilderbuch
Band 3768

Elsbeth Meyer/
Susanne v. Paczensky/
Renate Sadrozinski
»Das hätte nicht noch
mal passieren dürfen!«
Wiederholte Schwanger-
schaftsabbrüche und
was dahintersteckt
Band 4755

Fischer Taschenbuch Verlag

Die Frau in der Gesellschaft

Band 1857   Band 4725   Band 3745

Ursula Scheu
Wir werden nicht als
Mädchen geboren – wir
werden dazu gemacht
Zur frühkindlichen
Erziehung in unserer
Gesellschaft
Band 1857

Eva Schindele
Gläserne Gebär-Mütter
Vorgeburtliche
Diagnostik –
Fluch oder Segen
Band 4759

Alice Schwarzer
Der »kleine« Unter-
schied und seine
großen Folgen
Frauen über sich –
Beginn einer Befreiung
Band 1805

Lynne Segal
Ist die Zukunft
weiblich?
Probleme des
Feminismus heute
Band 4725

Dale Spender
Frauen kommen
nicht vor
Sexismus im
Bildungswesen
Band 3764

Karin Spielhofer
Sanfte Ausbeutung
Lieben zwischen
Mutter und Kind
Band 3759

Senta Trömel-Plötz
Frauensprache –
Sprache der
Veränderung
Band 3725

Senta Trömel-Plötz (Hg.)
Gewalt durch Sprache
Die Vergewaltigung von
Frauen in Gesprächen
Band 3745

Hedi Wyss
Das rosarote
Mädchenbuch
Ermutigung zu einem
neuen Bewußtsein
Band 1763

Fischer Taschenbuch Verlag

Die Frau in der Gesellschaft

Band 3761

Band 3758

Band 3739

Fischer Taschenbuch Verlag